完全図解版

税務署最強対策マニュアル

税務署の手の内を大バクロ！

元国税調査官
大村大次郎

ビジネス社

はじめに

経営者や事業者にとって税務署という存在は大変やっかいなものである。特に税務調査は非常に迷惑なもので、税務署の調査官が事業所にやってきて何日も居座り、あれやこれやの質問をしてくるのだから、毎日忙しく仕事をしている身としてはたまったものではない。

ところで、税務署や税務調査に関して世間はさまざまな誤解をしているように思う。まずほとんどの人は、「税務署の調査官は正しい」と思っている。税務署の調査官は国家公務員であり、法律的に間違ったことをしたり言ったりするはずがない、と。

しかし、これは残念ながら誤解だ。

国税局や税務署の人はよくウソをつくし、勉強不足の人も多くいる。実際に筆者は、国税についての相談窓口である国税局の電話相談センターに間違った情報を伝えられたことが何度もある。「東京国税局の代表者が税法についてウソをつく」のだから、各税務署の現場の調査官たちのレベルは推《お》して知るべしということである。そしてその中でもたちの悪いことは、彼らのウソはすべて「納税者が不利になるもの」だということだ。

国税局、税務署がなぜ納税者に不利なウソをつくのかというと、**彼らは「税金を少しでも多く徴収する」という任務を負っている**からである。

もちろん税金は法律に則《のっと》って徴収しなければならず、ウソをつくことは違法行為だ。でも彼らは違法行為をしてでも税金を取りにくる。だから国税局、税務署というのは、法の番人でも正義の味方でもなく、モラルが欠如した税金徴収マシーンに過ぎない。だから私たちは彼らに対して「正義の味方」「正しい人」などと思ってしまうと、とんでもない被害を受けることになる。かといって、いたずらに彼らを敵視するのは危険だ。なにしろ彼らは強大な国家権力を持っているので、むやみに敵対するのは避けたほうがいい。

税務署に対する正しい姿勢は**「恐れず、あなどらず」**。

かく言う筆者は、元国税調査官だった。現役の調査官時代は前述した調査官の実態と同様に、必死に追徴税を稼ごうと日々税務調査にいそしんでいた。実際に筆者も違法ギリギリか、ほとんど違法のようなこともやっていて、それは税務署の中の価値観では、誰もが「正義」だと思っていたことだった。

しかし税務署から離れ、自分のやってきたことを客観的に見たとき、税務署の正義というのはただの自己弁護に過ぎず、ノルマに追われていた営業社員が行き過ぎて法を犯してしまうのと何ら変わりはないことに気付いた。

それに対する悔恨の意味も込めて、本書では税務署とどう付き合えばいいのか、どうすれば税務調査で被害を受けずに済むのか、そういったノウハウを紹介していきたいと思う。調査官たちは何を見るのか？　何を重視しているのか？　どのくらいの情報収集力を持っているのか？

そういう**税務署の「手の内」を明かしたい**と思う。

ただし実体験をそのまま書くことは国家公務員法の守秘義務に違反するため、本書の中で紹介している筆者の体験エピソードは実体験をいくらかデフォルメしている。その点、ご了承いただきたい。

著者

第1章　税務調査とは何か？

——「税務調査を受ける＝悪いこと」は間違い

第2章 税務調査では何を調べるのか？
――勘定科目別 目のつけどころ

第3章　税務署はどうやって情報を集めるのか？

――調査官が行う調査手法

第4章 税務署員にだまされるな！

――調査官はこのように、あなたを言いくるめる

第5章　税理士は賢く選ぼう

――税理士選びのポイント

本書は2020年1月に小社より刊行された『税務署対策　最強の教科書』を改題した図解版です。

第1章

税務調査とは何か？

――「税務調査を受ける＝悪いこと」は間違い

税務調査のキホン

税務調査の目的

税務署内では「税金を稼ぐ」調査官ほど優秀

はじめに、そもそも税務調査はどういう目的で行われているかについて説明する。

税務調査とは、毎年行われる確定申告に対して申告内容が正しいかどうかを税務署が調査することである（図1）。例えば法人税は、申告する人が自ら自社の所得と税額を計算して納付するため、意図的な改ざんや虚偽の申告、誤った申告がなされている場合がある。それがないかを確認するのだ。

だから税務調査は「納税者が出した申告書に不審な点があるとき、それを確認し、正すために行う」ことが目的とされる。

しかしこれは表向きの目的で、**本当の目的は「追徴税を稼ぐこと」**である。

追徴税とは、税務調査で申告漏れが見つかったときなどに、本来の納税額に上乗せして課される税金のことだ。

実は税務署の調査官は、この追徴税をどれだけ稼ぐかで仕事が評価される。もし追徴税が少ない場合は上司や先輩から指導が入る。一方で大きな追徴税を取った調査官は「優秀事績」として発表され、表彰される。

だから調査官たちは嫌でもノルマ達成、追徴税稼ぎに没頭しなければならない、かわいそうな職業でもある。

私が調査官として現場にいたのは10数年前のことなので、今は変わっているかもしれないと思ったが、後輩の調査官に聞くと今もまったく変わっていないようだ。

国税庁は公式には「税務署員にはノルマなど課していない」と言っているが、追徴税をたくさん取ってきたものが出世している現実があるため、事実上ノルマはあると言える。

このような実情があるため、現場の調査官は「公平で円滑な税務行政を行うこと」よりも、「追徴税をあげること」が最大の責務という認識がある。

だから**税務調査は「税金をどれだけ稼ぐか」の方向性で進められている**と思ったほうがいい。

税務調査はなぜ行われるのか

図1 納税者が税務署に提出した申告内容が正しいかをチェック！

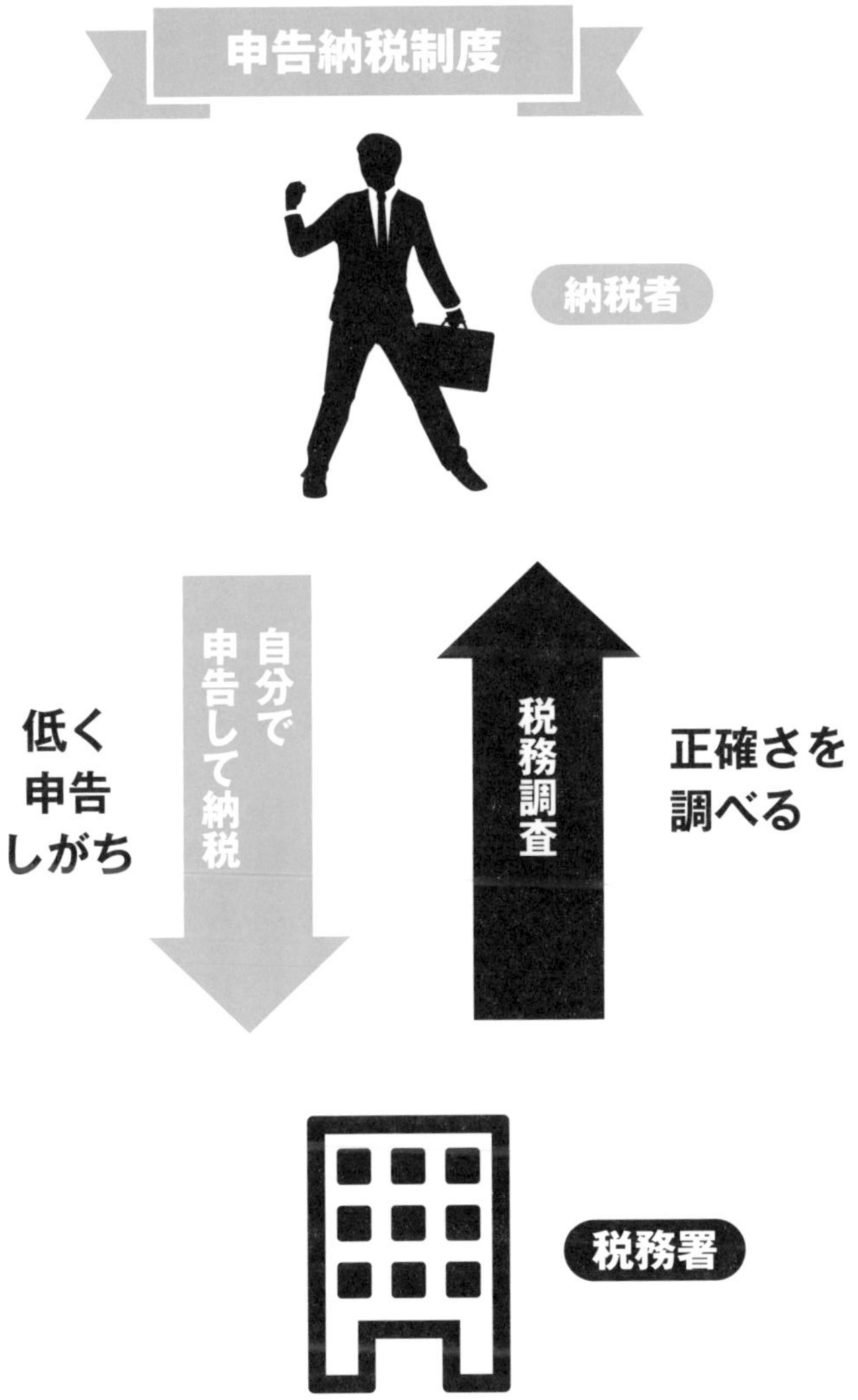
申告納税制度
納税者
自分で申告して納税
低く申告しがち
税務調査
正確さを調べる
税務署

税金はできるだけ安くしたいというのが納税者の心理。そのため自分で納税額を決める「申告納税制度」では、どうしても実際よりも低く申告しがちになる。そこで行われるのが申告の正確さを見極めるための税務調査となる。

税務調査のキホン

「意図的かどうか」がペナルティーの分かれ目

「申告漏れ」と「課税逃れ」の違い

納税は憲法に定められた国民の義務のため、怠《おこた》った場合には、その金額や悪質性なども加味したペナルティー（追徴税）が科《か》されることになる（図2）。

ここで、「申告漏れ」と「課税逃れ」の違いについて説明しておきたい。税務調査で発覚する「申告漏れ」の中には、「単なるうっかりミスの申告漏れ」と「悪質な課税逃れ（不正）」がある。**前者の追徴税は10％増し（過少申告加算税）となるだけだが、後者の追徴税は35％増し（重加算税）**となり、さらに青色申告の取り消しなどのペナルティーを受けることもある。

「悪質な課税逃れ」とは、現行の税法では「仮装隠蔽《いんぺい》など不正がなされたもの」と規定されている。例えばニセの領収書を作って経費を水増ししたり、本当は雇っていない人を雇っているような細工をして人件費を計上するなどの「仮装」、売上金をそのまま隠してしまうなどの「隠蔽」など、いわゆる脱税工作が当てはまる。

逆に、「隠したり」「でっちあげたり」していなければ、「悪質」とはならずに「単なる申告漏れ」となる。

要するに、多額の申告ミスでも偽装工作がなければ「単なる申告漏れ」で済むけれど、少額でも偽装工作をしていれば「悪質な課税逃れ」と認識されるということだ。

なるべく多くの追徴税が欲しい調査官としては、割増率の高い「不正（悪質な課税逃れ）」のほうを取りたがる。「不正」はその金額が多額になった場合は脱税として起訴されるため、**不正発見は調査官にとって勲章**であり、もっとも手っ取り早く目立った実績を上げられるからだ。

だからこそ、税務申告において不正だけはしてはならない。社会道義的にももちろんだが、税務署の調査官は不正を発見するための非常に高度なノウハウを持っている。そして一度不正が発見されてしまえば多額の追徴税が課《か》せられ、その後重点的にマークされることになる。

だから、「税金を払いたくない」と思うなら**「徹底的に節税をすること」**だ。ちょっとした節税の知識があれば、税金はあっけないほど安くできるものだ。

知らなかったでは済まされない税金のペナルティー

図2 こんなときにはペナルティーが科される！

内容		追徴税の種類
申告内容（納めた税金）が過少だった場合	➡	過少申告加算税
申告期限までに申告をしていなかった場合	➡	無申告加算税
仮装隠蔽があり故意に納税を逃れようとした場合	➡	重加算税
納付期限までに税金を納付しなかった場合	➡	不納付加算税 延滞税

加算税	概要	加算税率	備考	国通法
過少申告加算税 （納税額が本来の税額よりも過少で追加の税金が発生した）	調査通知前に自主的に修正申告した場合	なし		第65条
	期限内申告について、修正申告・更正があったとき	10%	納税額のうち、当初納税額と50万円とのいずれか多い金額までの部分	
		15%	納税額のうち、当初納税額と50万円とのいずれか多い金額を超える部分	
無申告加算税 （定められた期限内に確定申告をしなかった）	調査通知前に自主的に期限後申告をした場合	5%	正当な理由があると認められる場合も同様	第66条
	期限後申告・決定等があったとき	15%	納税額のうち、50万円までの部分	
		20%	納税額のうち、50万円を超える部分	
不納付加算税	源泉所得税が納付期限までに納付されなかった場合	5%	納税告知前に自主的に納税した場合	第67条
		10%	正当な理由があると認められる場合は課さない	
重加算税 （申告内容に不正が認められた）	仮装隠蔽している事実があった場合	35%	過少申告加算税または不納付加算税に代えて課す場合	第68条
		40%	無申告加算税に代えて課す場合	
延滞税	申告納付期限までに完納しなかった場合	7.3%	納期期限後2カ月以内	第60条
		14.6%	上記以降	

税務調査のキホン

税務調査は「強制調査」と「任意調査」の2種類

税務調査のほとんどは〝任意〟の調査

税務調査には大きく分けて、事前に「〇月〇日に税務調査をします」と納税者に打診して行う**「任意調査」**と、予告をせずに抜き打ち的に行う**「強制調査」**がある（図3）。

税務調査というと、テレビや映画のマルサの調査のように、大勢の人たちが被疑者宅に乗り込んで、あらゆるものを押収し捜索する「強制調査」のイメージを持っている人が多いかもしれない。しかしこれは大きな誤解だ。

マルサというのは国税の中の組織の1つ「国税局査察《ささつ》部」のことで、裁判所で起訴されるような悪質で高額な税逃れの事案を専門に扱う。彼らは事前に情報と証拠を集め、「この人は巨額の脱税をしている」という証明を行ってから裁判所の令状をもらい強制的に脱税調査を行う。裁判所の許可をもらっているため、脱税に関する調査のためなら、ガスバーナーでドアの鍵を焼き切ったり、ドリルで穴を開けて床下を調査することも可能だ。

しかし、このような「強制調査」はごく一部で年間200件ほどしかなく、ほとんどの税務署員は携わっていない。だから世に言われる**「税務調査」は、原則は「任意調査」で、納税者の同意のもとに行われている。**

任意調査でも「抜き打ち」調査がある

基本的に「任意調査」は「事前予告調査」だが、条件付きで「無予告調査」、いわゆる抜き打ち調査が認められている場合があるので注意が必要だ。その条件とは、**「あらかじめ重要な情報があって明らかに脱税が見込まれるもの」もしくは「現金商売の場合」**である。

「現金商売の場合」とは、不特定多数の顧客を相手に現金で商売する業種、小売業やサービス業などを指す。売り上げた現金を隠してしまえばどこにも記録が残らず脱税が成立するため、特別に抜き打ち調査が認められているのだ。しかしこれはあくまでも納税者の同意のもとに行われる任意調査のため、調査員は当日に「調査をしてもいいですか？」と聞いてから調査をする必要がある。納税者が「ダメだ」と言い張れば、何もできない。

一般的な税務調査は事前予告ありの「任意調査」

図3 税務調査の種類

任意調査

一般的な調査

事前予告調査 → 事前通知あり

無予告調査 → 事前通知なし（抜き打ち）

任意調査（事前予告調査）が
税務調査の基本！

- 現金決済で商売をしている業種の場合（飲食店、小売店など）
- 脱税などの不正が疑われる場合

- 一般的な税務調査
- 納税者の反対を押し切って、強制的に帳簿書類などは検査できない
- 国税局や税務署の調査部門によって実施
- 基本的に納税者に対して事前に連絡があり、調査日時を決めてから実施される
- 法人税の実地調査は、基本的に2日間
- 業種等によっては事前通知のない、抜き打ち調査がある

強制調査 → 事前通知なし（抜き打ち）

納税者の承諾がなくても、国税犯則取締法に基づいて強制的に行われる（マルサ）

- 大口で悪質な脱税が濃厚な場合に限り実施（法的な強制力によって行われる）
- 裁判所の許可のもとで調査員が予告なしで納税者を訪問して実施される（マルサ〈査察〉）
- 刑事事件として立件することが目的

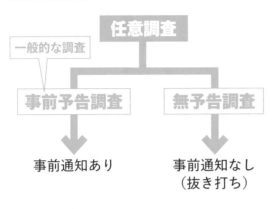

税務調査のキホン

税務調査は拒否できるのか？

警察よりも税務署のほうが怖い？

税務調査が原則「任意調査」だと前項で説明した。ということは、税務署から税務調査の申し出があった場合、納税者はそれを受け入れなくてもいいのではないか？という疑問が出てきたかもしれない。

答えはイエスである。税務調査は基本的に「任意調査」のため、事前に税務署から「何月何日に税務調査をしたい」という通知が来たとしても、その日に都合が悪ければ日程を変更してもらうことは可能だ。だから納税者はいつでも税務署の都合のいいときに必ず調査を受けなくてはならない、ということではない。

ただし、正当な理由があれば一度くらいは断ることができるが、いつまでも「都合が悪い」と言って税務調査を断れば、非協力的で「税金に関して誠実に回答する」という義務を怠ったとみなされ、ペナルティーを科せられることを理解しておこう。

実は**調査官には「質問検査権」というものがあり、納税者には「受忍義務」がある**（図4）。

これは、税金に関係することならば調査官が発した質問に対して必ず答えなければならない、というものだ。税務調査においては納税者に「黙秘権」はない。納税者は調査官の質問に必ず誠実に答えなければならず、もしその義務を怠ればペナルティーが科せられることもある。

だから税務署の調査官は任意調査だけれど、納税者に対して税金に関する疑問点があればとことん追及することができる。

そして**納税者は調査官の税金に関する質問に対して拒否することはできず、でき得る限り真実の回答をしなければならない**。なので見方によっては警察よりも税務署のほうが怖いかもしれない。

そのため、「任意調査」だからといって、いつまでも税務調査自体を回避することはできないし、税務署が来たときに納税者が調査官から聞かれたことに全部「ノー」と言い張ることができるのかというと、それはそうではない。

調査官からの税金に関する質問には必ず答えなければならない

図4 税務調査における調査官の質問検査権と納税者の権利

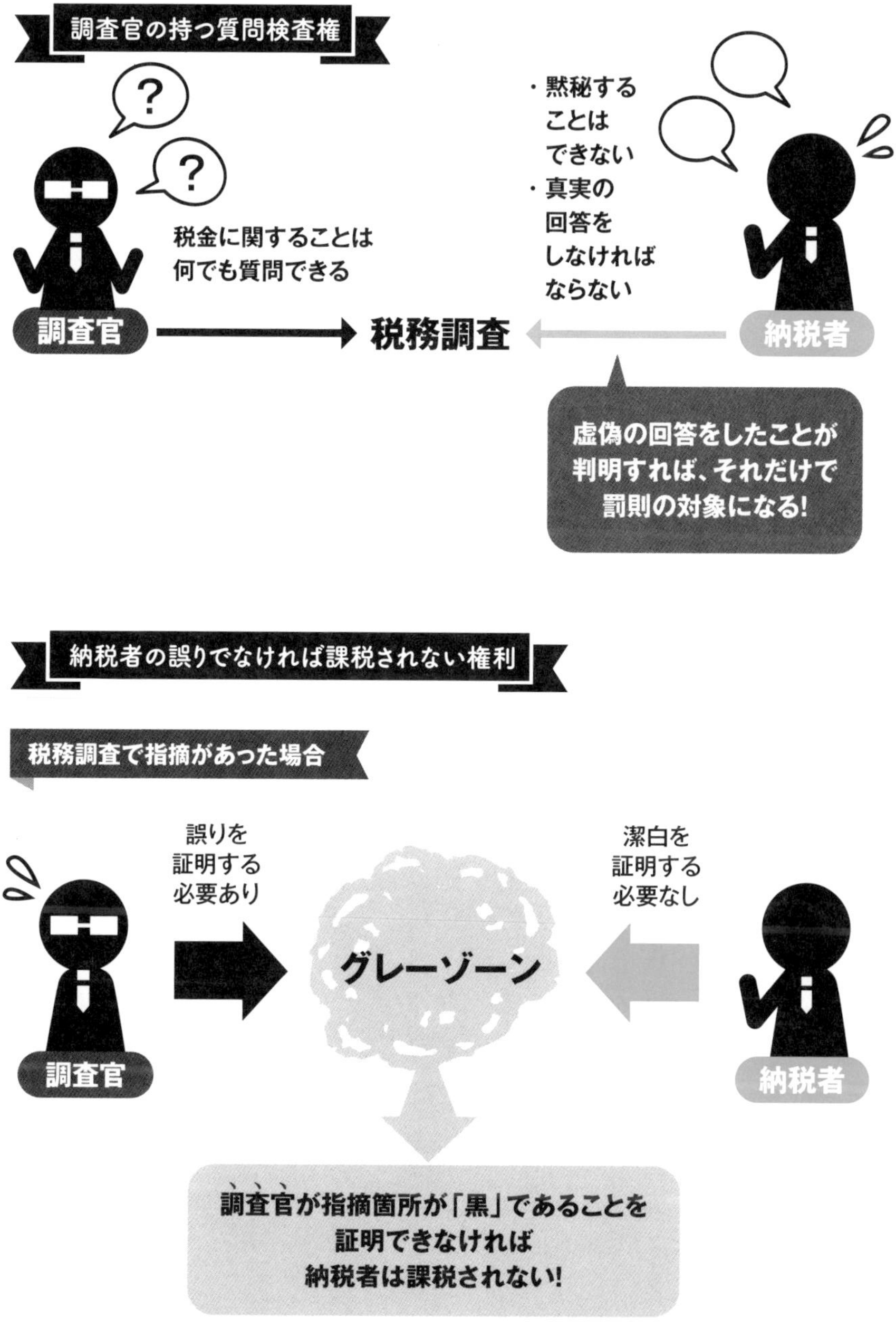
調査官の持つ質問検査権
?
?
税金に関することは何でも質問できる
・黙秘することはできない
・真実の回答をしなければならない
調査官
税務調査
納税者
虚偽の回答をしたことが判明すれば、それだけで罰則の対象になる!
納税者の誤りでなければ課税されない権利
税務調査で指摘があった場合
誤りを証明する必要あり
潔白を証明する必要なし
グレーゾーン
調査官
納税者
調査官が指摘箇所が「黒」であることを証明できなければ納税者は課税されない!

税務調査に狙われやすい会社①

「税務調査＝脱税」？

税務調査というのは、納税者の申告が正しいかどうかをチェックする作業だ。税務調査がどういうときに行われるかというと、原則としては「申告書に不審な点があったとき」ということになっている。が、実際には必ずしもそうではない。

税務署は1年間に一定の件数の税務調査をしなければならないようになっているため、その件数をこなすためには「不審な点がある申告書」だけを調査していても足りず、ある程度の規模で順調に事業を続けている事業者ならば税務調査が行われる可能性は常にある。

ある程度の規模で順調に事業を続けている事業者には、だいたい数年（4年から5年）おきに一度、税務調査が入るのが基本だ。

だから**税務調査が来たからといって「何か税金をごまかしただろうか」と心配する必要はない。**

また、必ずしも100％の黒字業者すべてに税務調査が行われるわけではない。すべての事業者に税務調査を行えるほど調査官の人数は多くないため、ある程度は申告書を見て対象を絞り、税務調査をする事業者が選ばれる。では、どういう基準で税務調査をする事業者を選ぶのかというと、特に次の2つが選ばれやすい。

税務調査の対象になりやすい会社の特徴

⑴売上が上昇しているのに利益があまり出ていない事業者

⑵例年と比べて数値の変動が大きい事業者

例えば「あの店は繁盛している」という話を聞くのにあまり申告額がない事業者、例年人件費は年間1000万円ほどしかないのに今年は1500万円になっている事業者などは、脱税をしているのではないかと税務署の調査対象になりやすい。そういう事業者が税務署の調査をできるだけ防ぐためには、**申告書の「特記事項」で詳しい事情を説明しておく**といいだろう（図5）。

税務調査の対象に選ばれにくい申告のポイント

図5 税務調査が入る確率を下げる「特記事項」

申告書には「特記事項」という欄があり、ここには事業に関する特別な事情など何を書いてもOK。だから税務署から脱税の疑いをかけられそうだと考えた場合は、特記事項に事情を詳しく書いておこう。

特記事項

例
- 今年は割引販売をしたので売上はアップしたけれど利益は増えなかった
- いい人材を雇ったので人件費が急増した

Point

欄が足りなければ別紙に書いても、
参考資料を添付しても問題なし!
申告書には書いてはならないこと、
添付してはならないこともないため
税務署になるべく詳しい状況が
わかるような申告書にしておくことが
税務調査の対象に選ばれないためのポイント

痛くもない腹を探られないために「特記事項」を活用する!

税務調査のキホン

税務調査に狙われやすい会社②

儲かっている業界は狙い撃ちにされる

前項の「売上が上昇しているのに利益があまり出ていない事業者」「例年と比べて数値の変動が大きい事業者」の他に、**税務調査対象に選ばれやすいのが、「儲かっている業種」と「税務調査未経験会社」**だ（図6）。

税務署には**「儲かっている業種の会社は脱税をしやすい」**という図式とデータがあり、実際に好況な業種では間違いなく脱税が多いため、税務署は常日頃から、どういう業種、どういう業界が好況なのか目を光らせている。

例えば、健康茶などの健康食品を販売しているH社という会社があったとしよう。ある年、テレビで健康茶が紹介されて大ブームが起きたためH社はかつてないほどの活況となり、売上高は例年の3倍になった。H社では**得た利益を少しでも残そうと、売上を抜いたり架空の経費を計上したり、かなり無茶な経理処理を始めた。**

すると健康茶ブームの翌年、調査はまだ先だと想定していて無防備状態だったH社に税務調査が突然入ることになり、その税務調査で健康茶ブームで得た利益を根こそぎ追徴税として持っていかれてしまうことになった。

税務調査未経験の会社は狙い目

また一定以上の規模の事業者は、だいたい数年おきに税務調査があるが、事業を開始したばかりの事業者は、しばらくは税務調査は行われないのが普通だ。しかし、それは税務署がその事業者のことを相手にしていないわけではない。

税務調査をまだ経験していない事業者や会社というのは、税務署にとっていいカモでもある。新規事業者は、**まだ税理士が入っていない企業も多いため経理が甘く、不備が多いので申告漏れが見つかりやすいからだ。**

それに加え、新規事業が軌道に乗ってきた会社の社長は財布のヒモも緩《ゆる》くなり警戒心も緩む。また税務調査に慣れておらず**税務署の調査の怖さを知らない**ために、無茶な脱税工作などをしていることも多い。調査官からすれば、**新規事業者は追徴税を稼ぎやすい。**

自分の会社がターゲットにならないかをチェック

図6 税務調査の対象になりやすい会社の特徴

売上が上昇している割に、利益が少ない会社

納税額は売上ではなく、経費などを差し引いた利益から算出される。つまり、売上が増えても利益が伴わなければ、納税額は増えない。そのため売上が増加しているにもかかわらず、なぜか利益が少ない会社は、利益の過少申告（所得隠し）が疑われ、税務調査の対象に選ばれやすい。会社側としては、あらぬ疑いをかけられないためにも、なぜ利益が少ないのか、資料や証拠に基づいて「特記事項」などで説明しておいたほうが無難。

例年と比べて売上などの数値に大きな変動があった会社

売上が極端に伸びていたり、粗利が大きく変動している会社は税務調査が入りやすい。あらぬ疑いをかけられないためには、確定申告時に数字が動いた理由などをしっかり伝えることが大事。

儲かっている業種（売上が急増した会社）

売上が急に上がることで、その分納めるべき税金も増えやすい。また、利益が急増した分、得た利益を少しでも残そうとして脱税するケースが多いため、調査対象になりやすい。

税務調査未経験の会社

事業を開始したばかりの会社は税務調査に慣れておらず、経理処理も甘いため、追徴税が取りやすく、調査対象になりやすい。

事業規模が大きい会社

売上が大きいほど納税額も多く、ミスによる影響も大きくなるため、税務調査の対象に選ばれる可能性が高い。

以前の税務調査で不正が見つかった会社

過去の税務調査で指摘を受けた個人・法人は、正しい申告納税がなされているかをチェックされやすい傾向にある。

調査官にはどう接すればいいのか

基本的には紳士的な対応で

では、税務調査を受けることになった場合、どういう対応をすればいいのかをお話ししていきたい。

まず税務署の調査官にはどういう態度で接するべきなのかというと、基本的には紳士的な対応をしたほうがいいだろう。

最初にお茶くらいは出して、少しばかりの世間話をするなどしてもいいと思う。

税務調査関連の書籍などで「調査官とはなるべく話さないほうがいい」「税務調査には最低限度の協力だけすればいい」と記述されていることがある。

けれども調査官も人間だ。あからさまに敵対的な態度を見せられれば厳しい対応になる。それは調査期間を長引かせることになるため、納税者にとっても決して有利には働かない。

だからといって、すべて調査官の言いなりになるのも、いい結果につながることはない。税務署の調査官は納税者から追徴税を取ることをノルマとされているため、中には本当は課税逃れではないのに納税者をうまく口車に乗せて追徴税をせしめようという者もいる。だから調査官の指摘で納得がいかないことがあれば、納得いくまで説明を求めたほうがいい。

例えば「交際費に計上されている飲食費が多過ぎるので少し削ってください」などと言われたとする。しかし、ちゃんとした交際費ならば額が多くても問題ないはずだ。こういう場合は「この交際費のどこが問題なのですか？交際費に該当しないものがあるんですか？」と調査官に説明を求めていい。

また税理士に頼んでいる人は、納得いかないことに関しては、すべて税理士と相談してから回答するのがベストだ。特に追徴税が発生するような指摘を受けた場合は、その場では絶対に即答しないことである。

総じて言うと**「対応は紳士的に、かといって相手の言いなりにはならない」**ということが、賢い税務調査の受け方と言える（図7）。

調査官の言いなりにはならず紳士的に対応する

図7 調査官への対応テクニック

敵対的な態度を取らず 紳士的に応じるのがベター

あまりに非協力的な態度だと
調査官が厳しい対応になる可能性も!
リラックスして臨むこと

調査官の 言いなりにならないように

おとなしく言うことを聞き過ぎると
払わなくていい税金まで
払わされる場合もある

納得がいかない指摘をされたら 説明を求めてもいい

気になること、言いたいことは
ハッキリと伝えて説明を求める

調査官への回答は すべて税理士と相談するのがベスト

うかつな発言にはご用心!
わからないことは税理士に相談

税務調査のキホン

一般的な税務調査（任意調査）の流れ

調査官が来るのは約2日間

中小企業の税務調査は約2日から3日間行われる。

調査官はだいたい1人（少し規模の大きな会社では2人で行うこともある）。基本的に対応する人は自由に外出などしてもいいけれど、初日の午前は聞き取り調査が中心なので、なるべく調査官に付き合ったほうがいい。

調査官は午前10時ごろに会社を訪れ、調査は挨拶から始まり、世間話、会社概要の聞き取り調査の順で進んでいく。そして現金のチェックや金庫内のチェックなどが行われ、これがだいたい午前中いっぱいかかる。

午後からは**帳簿調査**で、聞き取りではなく、帳票類を調べることに中心を置いた調査がされる。そして午後4時ごろ、初日の調査は終了する。

初日の調査を終えた調査官からは、調べた中で疑問点があれば社長や税理士に伝えられる。例えば「棚卸しの評価額を計算した基《もと》になる資料がほしい」「決算の翌月の売上の見積書を出してほしい」など。

社長は翌日までにその回答を用意しなければならない。回答は長引いてもいいけれども、それは**調査が長引く**ことを意味する。

その後、調査官は税務署に戻り、調査内容を上司である統括官に報告。そして、今後どの部分を重点的に調査するかなどの指示を仰ぐ。

2日目の調査は、前日の疑問点のすり合わせから行われ、前日に調査官が投げかけた疑問点について、会社と税理士側が回答をする。

調査官は調査項目をかなり絞り込み、例えば「売上を中心に見る」「経費を中心に見る」「人件費を中心に見る」など狙いを定めて調査し、午後4時ごろ、だいたい調査は終了する。このときまでに大きな疑問点、経理の誤りなどが見つかれば指摘される。

2日目以降は、調査官は反面調査や銀行調査などをして、最終的なチェック。その上で指摘事項をまとめ、それを税理士に伝え、税理士と会社で相談した上で、修正申告がされる。これが税務調査の主な流れである（図8）。

まずは知っておきたい税務調査の流れ

図8 調査当日のスケジュール例など

税務署からの事前通知
（場所と日程調整）

↓

調査当日
（実地調査）

↓

申告内容に誤りなし → 税務署長より **申告是認**

申告内容に誤りあり → 調査官より
・調査結果の説明
・修正申告などを推奨

- 納税者が認めたら → 納税者より **修正申告**
- 納税者が認めなかったら → 税務署長より **更正**

調査当日のスケジュール例
（基本的には2日間）

1日目

午　前

質疑応答がメイン

10時	調査官到着、 会社概要などの聞き取り
10時30分	調査開始

午　後

資料などの確認（帳簿調査）

16時	初日まとめ、仮指導など

2日目

午　前

1日目仮指導の回答内容と
照らし合わせての確認作業など

10時	調査官到着、 初日指摘事項の確認
10時30分	調査開始
16時	指摘事項の確認

調査終了

- **申告是認**：申告書に誤りがなかったという通知書が送付され、追徴税も一切発生せずに終わる
- **修正申告**：調査官からの指摘を認めて、納税者が自主的に申告などをし直す
※このケースが多い
- **更正**：納税者が修正申告をしない場合、税務署側が更正（納税者の意図にかかわらず、税務署が一方的に税額を決めて申告内容を是正する処分）を行う。納税者は不服申立てが可能 （詳しくは96ページへ）

税務調査で行われる調査手法

税務署が重視する〝原始記録〟とは？

税務調査では実際にどんなことが行われるのか。

調査官によって調査手法は若干異なるが、オーソドックスな調査手法は次の3つである。

①現金の監査、②従業員への聞き取り調査、③帳簿調査（原始記録の確認）

「現金の監査」いわゆる現金の保管状態は、必ずといっていいほど調べられる。納税者は調査官の見ている前で保管している現金の総額を調べ、現金出納帳と照合させられる。もしこれが合わなければ「申告が間違っている」などと言われるため、税務調査の前に現金内容を把握して過不足ないようにしておいたほうがいい。

「従業員への聞き取り調査」が行われることもある。社長は会社に都合の悪いことを言うはずがないため、**現場の声を聞くのは税務調査の重要な手法**だ。従業員への聞き取り調査で調査官が聞くことは、だいたい図9のとおりだ。

もっともメインとなる調査は、会社の帳簿を見る「帳簿調査」である。ただ、納税者が用意した帳簿はあまり重視されない。調査官は税務調査が始まってすぐに、その会社にはどういう帳簿類があるのかを調べて**実際の営業の中で会社が使っている帳簿（原始記録）を捜す。**

例えば「売上伝票に記載する前は、どこに記録していたんですか」などと聞いてくる。受注したときに直接売上伝票には記録せず、メモや手控えなどに記録しているはずというわけだ。納税者が「そんな記録はない」と言うと、調査官が「一番最近受注したのは、いつですか？」と聞き、納税者が自分の手帳を取り出して確認しようとしたときに「その手帳を見せてください」と言うようなこともある。

これは、**実際のところ防ぎようがない**。なぜなら納税者は税金に関する記録は、すべて見せなければならない義務があるからだ。だから納税者としては作った帳簿だけではなく、**受注に関する最初の記録**なども見られるということを念頭に置いておく必要がある。

税務署が実際に行う調査

図9 税務調査では一体どんな調査をするのか？

現金の監査

現金の管理は厳重に

金庫の中に入っている現金やパソコン、備品などが調べられる！

従業員への聞き取り調査

調査官は現場の声を重視する！従業員とも打ち合わせをしておこう

- 決算書の人件費は適正ですか？（架空の人件費はないか）
- 給与の支払いは決算書どおりですか？（水増し計上してないか）
- 決算書に載っている以外の取引先はありませんか？
- 正規の事業以外の副業をしていませんか？

帳簿調査

（原始記録の確認）

帳簿調査はほとんどの実地調査で行われる調査！

主に総勘定元帳や現金出納帳といった会計帳簿の他に、顧客リスト、仕入先リスト、領収書や請求書などがチェックされる。その他に取引等における最初の記録である「原始記録」（業務日報、スケジュール表、集金日誌、電話のメモなど）も調査対象。

反面調査

納税者の取引先に赴いて、調査対象の会社の帳簿類と伝票などを照らし合わせながら、取引が帳簿どおりに行われているかどうかを確認する調査。

詳しくは58ページ

税務調査のキホン

任意調査でも「抜き打ち」で調査が入ることもある

抜き打ち調査とは?

14ページで飲食店などの現金商売の場合には、事前の連絡がなく突然抜き打ちで調査があることを伝えた。念のため、まれにある「抜き打ち調査」がどのような手順で行われるのかも説明しておく(図10)。

抜き打ち調査の場合、税務署は事前にかなり準備をしておく。準備段階で、ターゲットとなった納税者がどのくらい儲かっているのかを個人の預金口座の残高や取引内容までチェックをすることもある。申告漏れ(脱税)をしていなさそうなところに税務調査に行っても仕方がないため、入念に調べてから出向くのだ。

税務調査をすることが決まったら、次に**内偵調査**が行われる。内偵調査とは、客に成り済まして店舗に入り営業の状況などを調べる調査である。内偵調査では、客がどのくらい入っているか、レジはきちんと打っているか、帳簿はつけていそうかなどをチェックする。

内偵調査が終わると、いよいよ実際の調査だ。税務調査は**開店前に行われるのが原則**のため、だいたい午前9時ごろから始まる。いきなり調査官が4~5人でやって来て、身分証明証などを見せて、こう言うはずだ。

「○○税務署の○○といいます。今日は税務調査に参りました」と。

このときに納税者が気を付けなくてはならないのは、この時点ではまだ税務調査をすることが決定されたわけではないということだ。というのは、抜き打ち調査といえども任意調査のため、断れないことはない。どうしても外せない用事がある場合などには、一度くらい断ることもできる。税理士に依頼している人は**税理士に連絡して相談**。税理士に依頼していない人は、自分で税務調査を受けるかどうかの判断をしなければならない。

税務調査を受けることになった場合、まずは**予定の確認**だ。税務調査では、調査官は営業の邪魔をしてはならないため、開店時間までには臨場調査は終わらせなければならない。だから開店時間を調査官にきっちり伝え、その時間までには店舗から出てもらうように言おう。

どんな会社だと、抜き打ち調査の可能性があるのか？

図10 任意調査でも“無予告”の調査がある

どんな会社が無予告で任意調査が行われるのか？

現金商売を行っている事業者

例 飲食店、美容院、ネイルサロン、個人商店など

取引先の反面調査などで、
すでに何かしらの指摘事項をつかまれている事業者

一般的な税務調査は、あらかじめ電話などで日程や場所を事前通知してから行われるのが原則だ。しかし、まれに事前通知なしで抜き打ち調査が行われることがある。

その対象は主に、「現金商売を行っている事業者」だ。端的に言うと、お店にレジがあって直接お客さんから現金を受け取るような業種である。

なぜ抜き打ち調査が行われるかというと、現金商売は、銀行振込などと違ってお金の流れを後追いしにくい特徴があり、簡単に売上を隠すことができるためである。

税務署から事前に連絡をしてしまうと、調査の日までに売上金額を調整したり、不正の証拠隠しをしてしまうことが考えられるため、公正で公平な課税を守るために、抜き打ちによる調査が認められている。

正当な理由があれば断れる！

無予告で調査官が来たとしても、ほとんどのケースは令状がない任意調査のため、必ずしも当日に受け入れる必要はない。社長が不在の場合や、どうしても外せない予定があって都合が悪い場合は、日程をずらしてもらうことができる。

しかし納税者には「受忍義務」があるため、正当な理由がない場合は抜き打ち調査を断ることはできない。断ることができたとしても、一度だけと思っておいたほうがいい。

税務調査が行われるのは開店時間まで！

調査官は基本的に営業の邪魔をしてはいけない。そのため開店時間以降も店舗内に調査官がいることはあってはならないため、事前に開店時間を調査官に伝えておこう。もし開店時間後も店舗内に調査官がいるようであれば、厳重に抗議しても構わない。

税務調査のキホン

税務調査の際には「おみやげ」の用意が必要？

「税務調査に入られたら、おみやげを用意しろ」

税理士の間などでは、昔からよくこういうことが言われてきた。ここで言う「おみやげ」とはもちろん地元の名産品とか菓子折りなどの本当の手土産などではなく税務の隠語で、**「あえて処理の誤りを発見させて調査官に追徴税額を与えることで、早めに調査を切り上げてお引き取り願おう」という考え方**を指す（図11）。

税務調査の際、間違いがまったくなかったら調査官の立場がない、調査官も上司に報告しにくい。だから納税者側がわざと小さな間違いを用意すれば、調査官は安心して調査を終わらせることができる、というものだ。

具体的にどんなものかというと、例えば期末の売上の一部を計上漏れにしておく。本当は、今期の売上に計上しなくてはならないのに、来期の売上として経理処理するのだ。これを調査官が見逃すはずがない。

調査官にとっては追徴税が課せられるので、喜んで調査を終わらせることができる。会社・税理士側も、小さなミスのため追徴税は大した額ではない。税務調査で何日も居座られることを考えたら安いもので、両者ともに得をする、という構図だ。

「おみやげ」は、税務署の実態を如実に表している言葉でもある。国税調査官というのは追徴税というノルマに追われ、まったく取れなければ上司から叱られる。だから追徴税を取るために重箱の隅をつついたり、強引に納税者を言いくるめたりするため、納税者に「おみやげ」という知恵が生まれたわけだ。

「じゃあ、税務調査が入るときは自分もおみやげを用意しよう」などと思う人もいるかもしれない。だが、それはやめたほうがいいだろう。**単純な経理ミスがあれば、調査官から経理がずさんだと思われ、徹底的に調査されることにもなりかねない**。また最近では調査官の調査スケジュールが詰まっているので、いつまでも調査先に居座ることはできなくなっている。

だから善良な納税者の皆さんは**「おみやげ」を用意しようなどとは思わないほうがいい**。

税務調査で、おみやげ？

図11 おみやげは必要なし！

税務調査での「おみやげ」とは、あらかじめ見つけやすいような誤りを作っておいて、調査官に首尾よく見つけてもらい、調査を短時間で切り上げさせようとすること

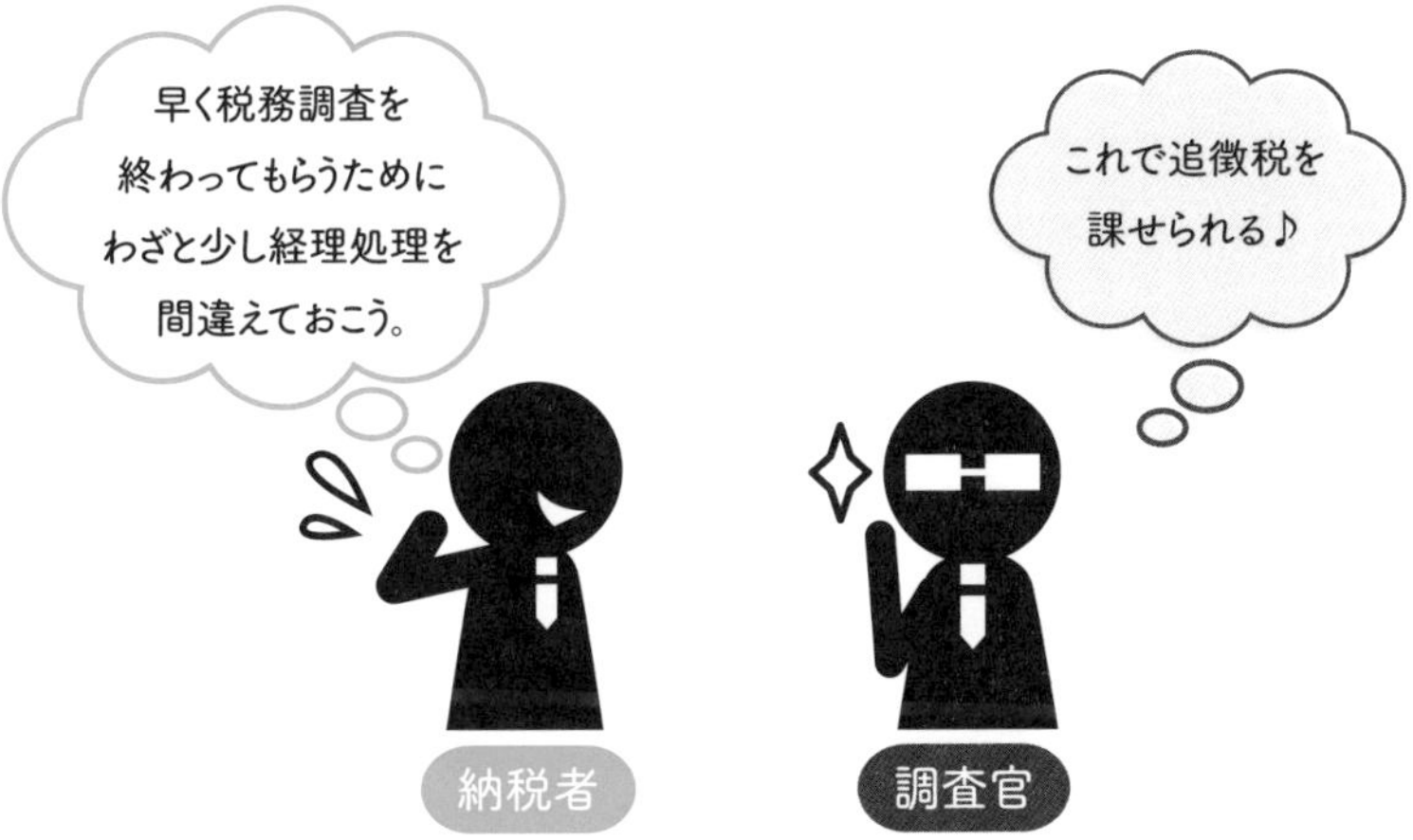
早く税務調査を
終わってもらうために
わざと少し経理処理を
間違えておこう。
これで追徴税を
課せられる♪
納税者
調査官

税務調査の「おみやげ」は必要なし！
むしろ逆効果

1 単純な経理ミスがあるのなら、もっと大きな誤りがあるかもしれないと、より厳密に調べられることになる

2 税務調査をする度に何か出てくるという履歴が残り、税務調査が入りやすくなる

最近の調査日数は2〜3日と短いため、
おみやげを無理に作らなくても
無駄に税務調査が長くなることはほとんどない

COLUMN 1

世間話をすれば脱税がバレる!?

「税務調査のときに調査官と世間話をすると脱税の証拠をつかまれる」という都市伝説がある。

だから、市販の税務調査対策本などには、税務調査の最中は、うっかり世間話をしてはならない、ここで軽はずみなことを話すと、調査官に脱税を見破られるなどと書かれているものもある。

この都市伝説も、税務署に対する恐怖の産物だと言えるだろう。

本音を言うと、確かに税務調査で世間話がヒントになることがないでもないが、まあ100件に1件くらいなもので、ほぼ関係ないのが実情だ。

世間話に応じようが応じまいが、調査官は必ず税務に関する質問をするのだし、納税者はそれに答える義務がある。だから見破られるときは見破られる。

それよりも**税務調査では、調査官といかに上手に付き合うかのほうが重要なポイント**だと筆者は思っている。

世間話もしないようでは、調査官との信頼関係は築けない。調査官と信頼関係が築けなければ、もし追徴税が課されたときの交渉などもスムーズにいかない。

どんな場合でも人間関係は険悪になるより平穏になったほうがいい。それは、税務調査でも同じだと思う。

だから**世間話に応じない、などという度量が狭い対応はやめたほうがいい。**

第2章

税務調査では何を調べるのか？

——勘定科目別 目のつけどころ

勘定科目別
チェック
ポイント

交際費

調査官が大好きな「交際費」

「接待交際費」(以下、交際費)は、調査官が要チェックする勘定科目である。**なぜなら交際費はプライベートの支出との線引きが難しく、社長などの個人的な支出が含まれているケース**が多い。だから仕事に関係ないのであれば交際費にはならないと否認しやすく、それを目当てにして調査官は追徴税を稼ごうとする。

どういうことかというと、交際費には、取引先とのゴルフや旅行、贈答の他、接待に伴うタクシー代なども認められている(図12)。ただしその企業の社長自身がゴルフ好きだった場合、ゴルフ代は限りなく遊びの趣味の費用と言えてしまい、交際費として計上するのはおかしい、となる可能性があるのだ。

けれども、遊びのゴルフだからといっても仕事に関係がないかといえばそうとも言えない。取引先の人と一緒にゴルフをやることが仕事につながることもあるし、友人とゴルフをしたとしても、その友人が思わぬ仕事上のメリットをもたらしてくれることもある。だから遊びのゴルフだからといって、絶対に交際費に計上できないわけではない。そのため、もし調査官にゴルフ代のことを追及されたとしても「これは仕事に関係がある」と**頑強に交際費だと主張すれば、調査官はそれを覆《くつがえ》すのは難しくなる。**

ただし限度はある。税金にはグレーゾーンが多いものだが、その**グレーゾーンの正否を判定する重要な要素は「社会通念上」**というものだ。要するに世間の常識に照らし合わせてどうか、ということを考えたときに、黒ならば課税されることになる。

例えば年収500万円の社長がゴルフ代で数百万円も使っていれば、それは社会通念上おかしい。逆に言うと交際費になるかどうかは、この「社会通念上」ということを念頭に置いた上で妥当と言えるものならば、調査官が何と言おうと受け付けなくてもいい。

また、実際には交際費ではないのに、交際費だと勘違いしやすいケースを紹介しておく(図13)。

税務調査で狙われやすい交際費

図12 交際費として認められる主な支出

交際費の定義

- 事業に関係ある者（取引先、間接的に利害関係のある者や株主、従業員など）に対する支出であること
- 支出目的が事業関係者等との間の親睦を密にして取引関係の円滑な進行を図ることであること
- 行為の形態が接待、供応、慰安、贈答、その他これらに類する行為であること

- 接待などでの飲食代
- 交流会やイベントへの参加費
- お中元やお歳暮
- ご祝儀や香典
- お車代
- 取引先への商品券やギフト券の贈答
- 取引先との旅行代
- 接待ゴルフ
- 会食、宴会費用
- 取引先へのお土産などの贈答品

図13 勘違いしやすい交際費の見分け方

交際費と間違えやすいもの

- 取引先にカレンダー、手帳、タオルなどを配る → 宣伝広告費
- 忘年会など従業員の一定数以上が参加する宴会飲食費用 → 福利厚生費
- 公共団体などに対する寄付 → 寄付金

交際費だけれど、別勘定にしてしまいやすいもの

- 取引先を宴席、旅行などに招待する → 交際費
- 従業員の一部のみが参加する宴会飲食費用 → 交際費
- 商店街などの組合、私的団体に対する寄付 → 交際費

勘定科目別
チェック
ポイント

隠れ交際費

隠れ交際費とは

実は**交際費は、企業規模別に損金算入できる交際費の上限額が決まっている**（図14）。

大企業では交際費の中の飲食費×50%の金額、中小企業だと年間800万円までの交際費もしくは交際費の中の飲食費×50%の金額のどちらかが、損金に算入できる上限額となる。

そのため本来は交際費に該当するものなのに交際費として計上せずに他の勘定科目で処理している「隠れ交際費」があるケースが非常に多い。法人の交際費は一部が損金（税務上の費用）にならないので、課税所得を減らすために他の科目で処理されていることがあるのだ。そのため調査官は「隠れ交際費」がないかをチェックする。それを見つければ即追徴課税となるので**調査官は血眼《ちまなこ》になって捜す**。

例えば土地取得を必要とする企業の地元対策費、一部の社員に対する飲食、宴会費は交際費となる。

交際費の特例（接待飲食費）の落とし穴

現在の税法では、交際費の中の「接待飲食費」には特例があり、損金となる範囲が異なる。この特例は、飲食費を参加人数で割った金額が5000円以内までならば、交際費から除いて全額を損金経理していい、というものだ。しかも**消費税込みの金額でOK**のため、実際は5500円まで大丈夫ということになる（図15）。

しかしこの制度を使うためには、次のような必要事項を記載した書類を残しておかなければならない。

①飲食が行われた年月日、②参加者の氏名と取引先名及びその関係、③参加人数、④費用の金額と飲食店の名称、⑤その他参考となるべき事項。

この制度を使いたい企業は書類をきちんと備えなければならない。

またこの特例は、取引先との接待に限られ、従業員同士の飲み会には適用できない。

交際費には上限がある

図14 企業規模別 交際費の税務比較

	上限額	計上額
個人事業者	交際費の上限なし（無制限）	交際費の100%を経費計上できる
中小企業（資本金1億円以下）	●800万円までの交際費 ●交際費のうち飲食費の50% どちらかを選択して損金算入可	上限額まで交際費に経費計上できる
大企業（資本金1億円超）	●交際費のうち飲食費の50%	上限額まで交際費に経費計上できる

個人事業者の場合は、交際費に上限なし！
接待や交際に使った金額は全額経費として認められる。

図15 接待飲食費の判定チャート

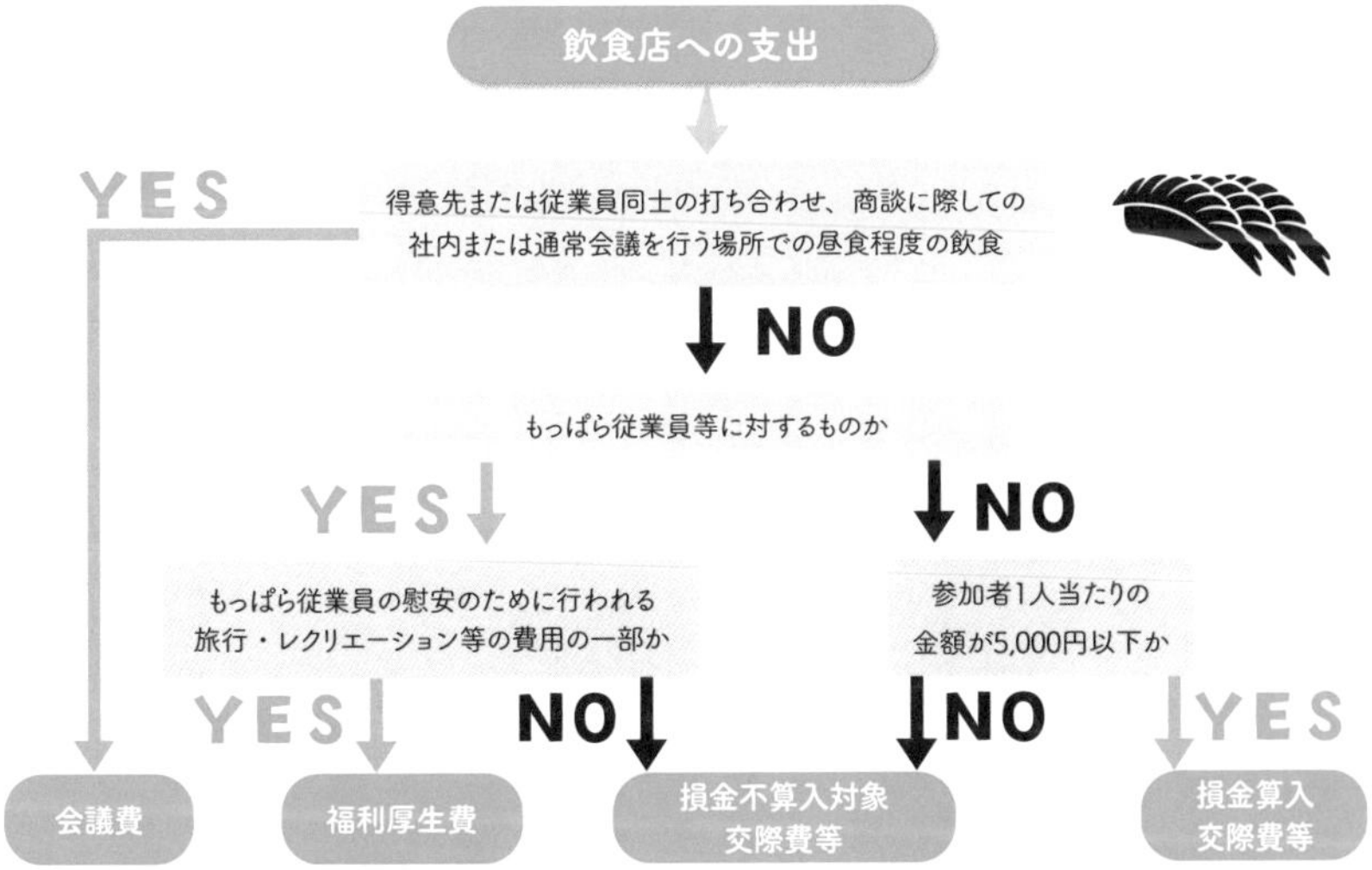

❶接待飲食費（1人当たり5,000円以下）	➡	全額損金算入
❷接待飲食費（1人当たり5,000円超）	➡	50%損金算入
❸その他の交際費	➡	全額損金不算入

1人当たり5,000円以下の接待飲食費は損金算入可！

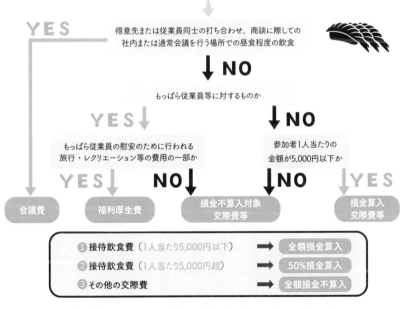

隠れ交際費である会議費

会議費に気を付けよう

前項で紹介した「隠れ交際費」では「会議費」も気を付けなくてはならない（図16）。

前述したように「交際費」とは一般的に、外部との付き合いで発生する。一方で「会議費」は事業での会議にかかる費用のことだ。例えば会議で使用する場所の会場使用料や当日使用する資料の印刷代、水やコーヒー、弁当の購入費用など。また会議では会食や少しアルコールが入ることもあるため、ちょっとした飲食費ならば会議費として税法上認められている。

そのため上限のある「交際費」ではなく、上限のない「会議費」に計上すれば、節税になると考える会社も多い。しかし、それは使い方を間違えれば税務調査で否認され多額の追徴税を払う羽目になるので注意が必要だ。

会議費として認められる飲食費の額には明確な基準はない。けれども若干の基準はあり、アルコールの場合は1人当たりビール1～2本、ワイン数杯程度が目安となっている（図17）。

また、場所は会議にふさわしい場所で行われなければならないため、居酒屋やバーは避けたほうがいい。

また会議の形態を取っていなければならないため、**議題、参加者の氏名、会議が行われた場所、飲食時の金額などの記録はしっかりと残しておく必要がある**。そうでないと単なる飲み会だと指摘される恐れがある。

例えば実際に私が調査官時代に税務調査をした会社に、こういうところがあった。

ソフトウェアを制作しているA社では毎年多額の会議費が計上されており、それを不審に思った私は、会議費に関する帳票類を徹底的に調べた。すると会議費の領収書の中には、明らかに居酒屋と思われるものが多く出てきたのである。担当者に対して会議の議事録の提出を求めたところ、議事録は一部しか出てこなかった。そこで議事録のない会議における会食費、居酒屋と思われる場所での会食費をリストアップし、それは交際費に計上してもらうことになった。

交際費ではなく会議費として認めてもらうためには?

図16 飲食関係の支出の区分

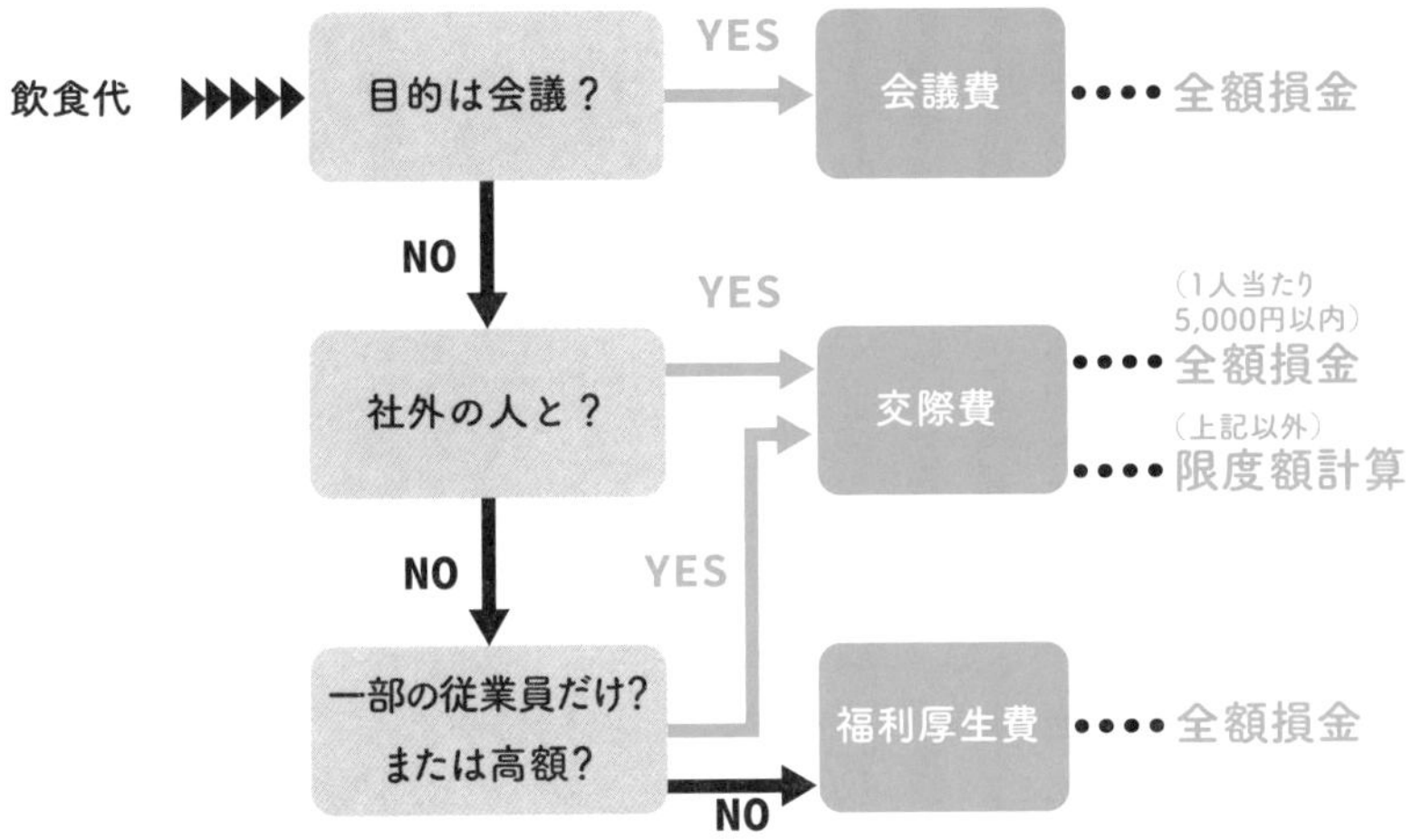
飲食代
目的は会議?
YES
会議費
全額損金
NO
社外の人と?
YES
交際費
(1人当たり
5,000円以内)
全額損金
(上記以外)
限度額計算
NO
YES
一部の従業員だけ?
または高額?
NO
福利厚生費
全額損金

図17 飲食費を会議費で落とす際の注意点

飲食費を会議費で落とす際の注意点

❶ 場所	会議にふさわしい場所(レストランや飲食店など)
❷ アルコール	ビール1~2本、ワイン数杯程度
❸ 金額	社会通念上許される範囲 (1人当たり2,000円程度)
❹ 議事録を残す	1) 議題 2) 参加者の氏名…人数と全員の氏名、他社の人間は会社名と氏名 3) 会議場所…喫茶店、レストラン、食堂は○ 居酒屋、スナック、クラブは× 4) 会議の日時、内容 5) その他、参考となる事項

勘定科目別
チェック
ポイント

決算期末の経理処理は要注意

追徴税を課されやすい「期ズレ」

税務調査でもっとも指摘されることが多い事項、追徴課税されることが多い事項とは何か？

それは売上隠しや架空経費ではない。**もっとも指摘されることが多いのは「売上計上時期の間違い」**だ。

「売上計上時期の間違い」というのは、「本当は今期の売上に該当するはずなのに、翌期の売上に計上されている」「本当は翌期の経費に該当するはずなのに、今期の経費に計上されている」というものだ。

税務用語では「期ズレ」（決算期のズレの意味）と言う。経営者としては、なんとか当面の税金を少なくしたい。だから期末の微妙な売上などは、翌期に回してしまうことが多く、この間違いが非常に生じやすい（図18）。

そのため税務調査では、期末の売上に関して厳しく目を光らせる。例えば、3月末決算の企業などの場合、4月頭の請求書などを徹底的に調べられて「この4月4日に発行している請求書の品物はいつ納品していますか」などと調査官は聞いてくる。そして3月末までに納品していれば「3月末の売上に計上してください」と指摘されることになる。

だから**期末の経理処理は、特に厳重にチェックしておいたほうがいい**。もし多額の売上計上漏れが1件でも見つかれば、かなり多くの税金を払う羽目になる。

この「期ズレ」は一時的に利益が軽減されるけれども翌期の利益に加算されるためトータルで見れば税金は安くならない。だから以前は税務署もそれほど目くじらを立てることはなかった。しかし、昨今は税収不足のあおりを受けてか、期末の経理処理誤りに関しても伝票の書き換えなどの仮装などがあれば、重加算税を課すことが多くなってきている。

こういう話をすると「売上計上時期を間違っただけなので、それほど悪質ではないじゃないか」と思う人も多いだろう。実際に税理士会などからは「売上計上時期を厳しくチェックするのは、重箱の隅つつきだ」と非難する声もある。

税務調査でもっとも指摘されやすい内容

図18 「期ズレ」とは？　決算日をまたぐ取引に注意

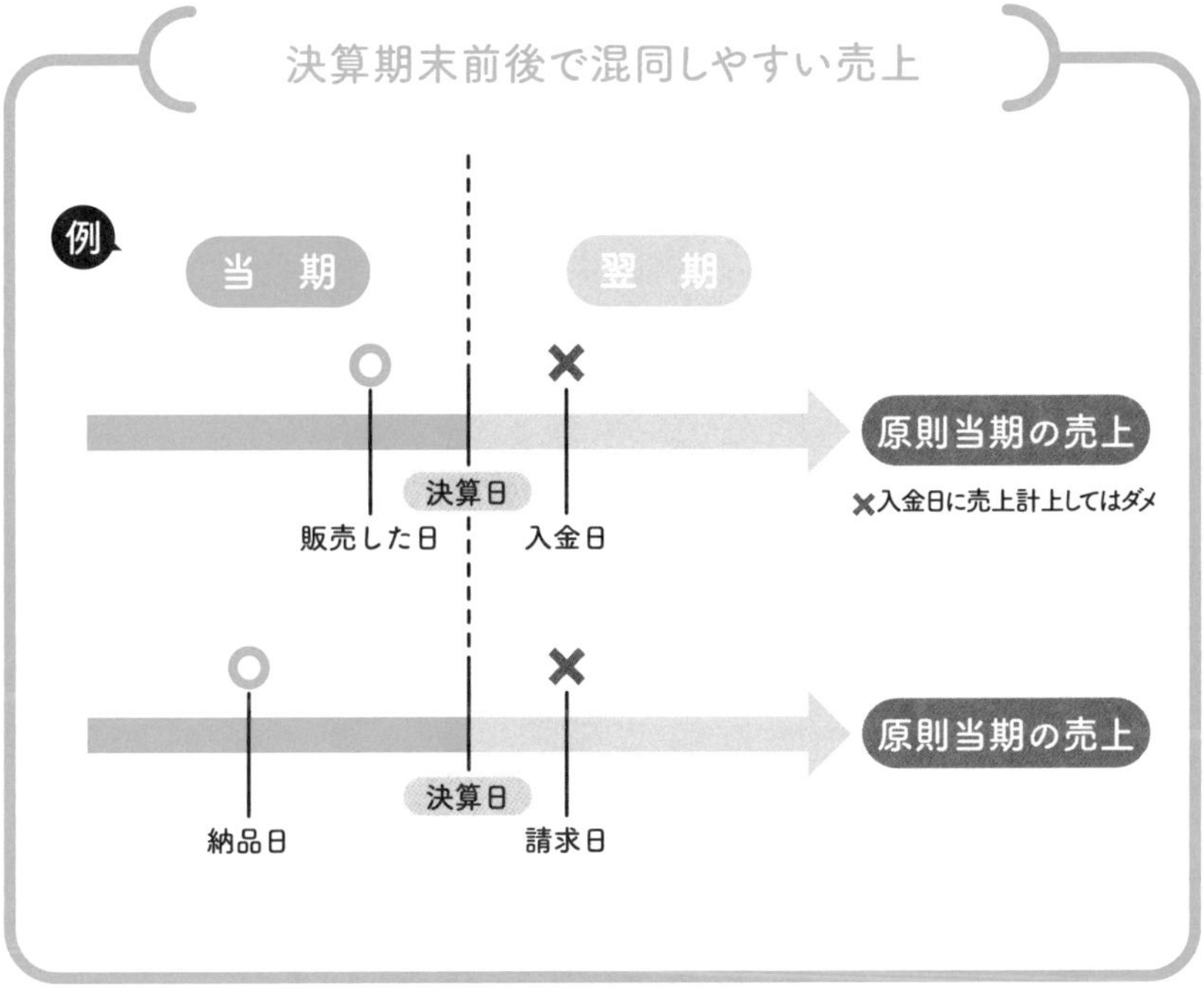
決算期末前後で混同しやすい売上
例
当期
翌期
原則当期の売上
決算日
販売した日
入金日
✕入金日に売上計上してはダメ
原則当期の売上
決算日
納品日
請求日

税務調査で最初に確認されるのが「売上」だ。特に決算期末前後の売上がチェックの対象となることが多い。

「期ズレ」とは、売上や経費が、本来計上されるべき年度とは異なる年度で計上されている状態のことを指す。例えば、当期に計上すべきだった売上を翌期に計上した場合、その当期については売上の計上漏れということになる。

「期ズレ」によって売上や経費が来期に計上されてしまうと、売上や経費がその分少なくなり、誤った利益が計算されることになる。つまりその利益から計算される法人税額なども間違っていることとなるため、税務調査で指摘され、修正申告が必要となる。

勘定科目別
チェック
ポイント

中小企業は経営者の私的費用がないかをチェックされる

事業に関係していれば経費で落とせる

中小企業の税務調査では、会社の経費の中に**「社長の個人的な使い込みがないか」**を重点的に見られる。

中小企業のほとんどは社長が会社のお金を自由に使える立場にあるため、自分のものを買うときに会社のお金で買ってしまうことがあるからだ。

例えば、ある企業の経費を調べると、テレビとビデオの領収書が備品費として計上されていたケースがあった。社長は仕事で使用していると話したが、「このテレビとビデオはどこに置いてありますか?」と聞くと、社長の自宅に置いていたことがわかった。そのことを追及すると社長は、この領収書が私的な支出であることを認めたのだ。

ただ実際には、**会社の経費か個人的な支出かという判断は非常に難しい**ものである。

会社の業務に必要なものならば当然経費として計上できる。その範囲はけっこう広いもので、個人的なものであっても、認められているケースは多くある(図19)。

例えば、通勤途中に駅の売店で週刊誌を買ったとしても、それが仕事に関係するものならば会社の経費で落とすことができるし、旅行をしたときでも、それが会社の業務に関係する視察であれば、会社の経費で落とすことができる。

要は税務署に対して「会社の業務です」と言えるものであるかどうかということだ。

先ほどの事例でも、テレビとビデオが社長の自宅にあったからといって、それだけで否認されるものではない。もし本当に会社の業務で使われていて、保管しているビデオテープの中に事業に関する番組などが録画されていれば、たとえ社長の自宅に置いてあったとしても経費に計上できた可能性は高い。

テレビをパソコンに置き換えれば、わかりやすいはずだ。会社のパソコンは従業員が自宅に持ち帰ることもあるが、だからといってそれを経費として認めない、などということにはならない。

会社の経費か個人的な支出か

図19 中小企業は会社の経費を社長が個人的に使い込みやすい

会社の税金

（売上－経費） × 法人税率 ＝ 法人税

社長は給与所得者

つまり 会社の利益 ≠ 経営者の収入

ただし、事業に関連したものであれば、
経費で落とせるものは意外と多い！

交際費 旅費交通費 仕入 事務用品費
給料賃金 福利厚生 賃貸料 消耗品費 水道光熱費
通信費 荷造運賃 広告宣伝費 新聞図書費

税務署からおとがめを受けずに
さらに自分の取り分を圧迫しないように経費を積み上げていくのが、
上手な経費計上のやり方！

勘定科目別
チェック
ポイント

代表者勘定／棚卸資産

代表者勘定には気を付けよう

中小企業は、代表者勘定を設けていることが時々ある。この代表者勘定には気を付けなくてはならない。

代表者勘定というのは、代表者と会社の貸し借りを記する科目である（図20）。例えば会社が代表者等にお金を借りているとき・貸しているときに使用される。そのため代表者勘定がある会社は「社長の金と会社の金に明確な区分ができていない」と見られがちだ。

代表者勘定において、まずチェックされるのは「役員貸付金」で、代表者が借り越しになっている場合、利子をきちんと取っているかを見られる。代表者が借り越しになっているというのは、社長が会社からお金を借りている状態のため、会社と社長の間とはいえ当然利子を払っていなければならない。もし利子を払っていない場合は、その利子相当分は会社の**利子収入計上漏れ**ということになる。

また代表者に仮払いをしたお金の精算が終わっていない場合は調査官に突っ込まれる。ここ数カ月の間の数十万円程度ならばいいが、何年にも渡って精算されずに数百万円にも上っているような場合は、**いちゃもんをつけられる可能性が非常に高い**。代表者に対する仮払いなどは、税務調査が来るまでに精算しておいたほうがいい。

棚卸資産も要チェック

棚卸資産とは「将来販売する目的で保有する資産」のことで、「在庫」をイメージするとわかりやすい。棚卸資産には商品や製品、製品の原材料などが含まれる。

税務調査では棚卸（在庫）のチェックもよくされる。棚卸表を書き換えて**在庫を少なく計上する「棚卸除外」という脱税が非常に多い**からだ。意図的な棚卸資産の数量や取得価額の仮装・隠蔽は、悪質な行為として重加算税の対象になる（図21）。そのため納税者は調査官に誤解を与えないよう、**棚卸表は明解にわかりやすく作っておいたほうがいい**。棚卸表に書き直しの跡などがあったら、必ず調査官に追及されることになる。

社内で調整しやすい科目は必ずチェックされる

図20 代表者勘定とは？

会社設立したばかりの頃や同族会社の場合、法人と個人のお金の区別に慣れていないこともあり、会社のお金を経営者（社長）や役員が個人的に使ってしまう、もしくは会社が経営者から金銭を借り入れたりすることがある。貸主と借主が近しい関係のため誰からも催促されず、長期間放置されがちだ。期間や利率、返済方法などの条件を決めないまま長期間放置すると、課税上トラブルになる場合がある。

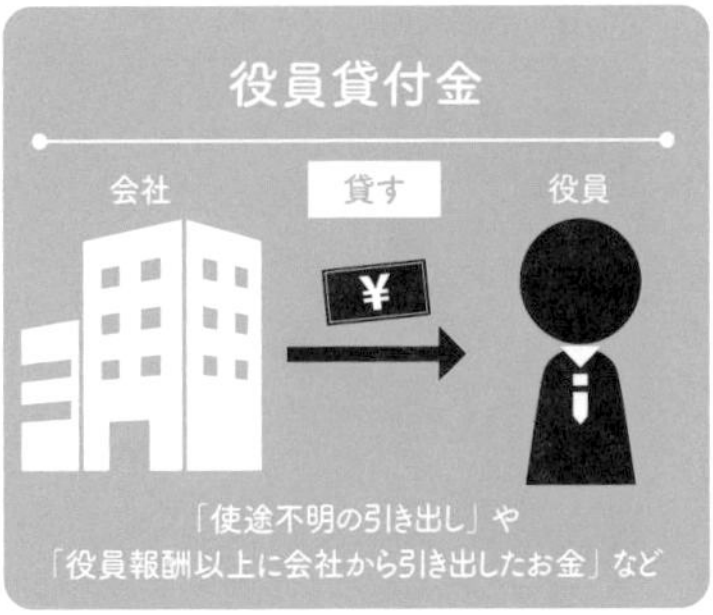

会社が役員に**貸している**お金のこと。税務調査では「貸したお金の利子が役員から支払われているか」をチェックされる。利子は会社の収益となるため、計上しなければいけない。その「収益漏れ」が発覚すれば指摘される項目となる。

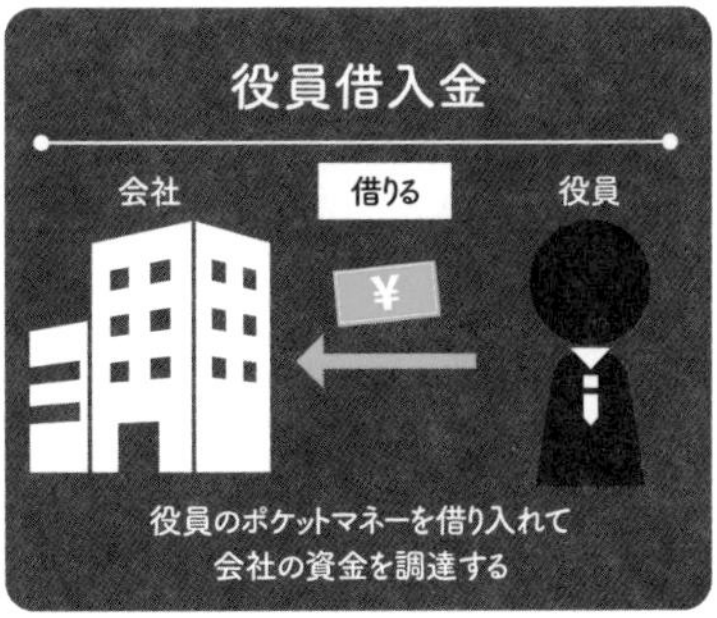

会社が役員から**借りている**お金のこと。会社の資金が足りず、役員が会社にお金を入れている場合がある。法人の税務調査では指摘されることは少ないが、相続時の相続税で問題になることがある。

図21 棚卸資産とは？

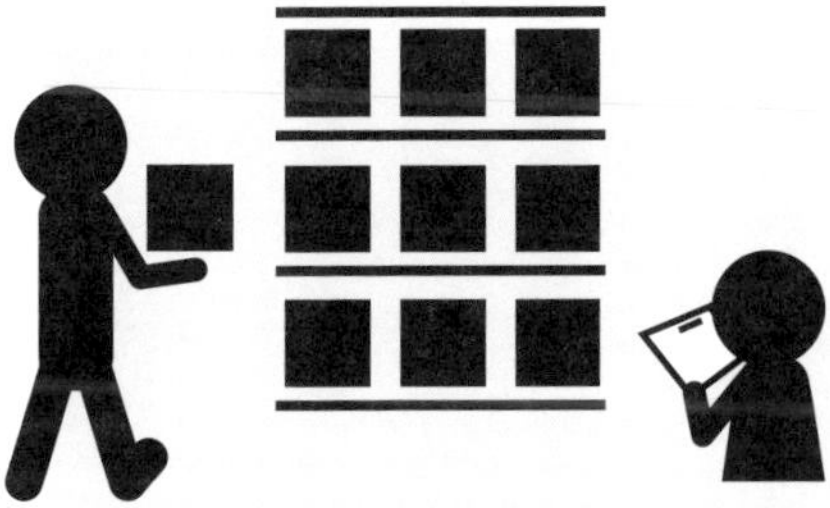

棚卸資産とはいわゆる「在庫」のこと。商品（他者から仕入れたもの）、製品（自社で製造したもの）、仕掛品（自社で製造途中のもの）、原材料など、将来的に換金されるものが該当する。

棚卸しの計上額は取引先とは関係ない科目のため、社内だけで簡単に計上額の調整ができ、利益調整に利用されることが多い。そのため調査官は必ず棚卸金額が適正に計上されているかを確認する。

勘定科目別
チェック
ポイント

人件費

架空人件費

人件費も、調査官が非常に重視する科目だ（図22）。以前は架空の人物が勤務しているように見せかけて人件費を水増ししたり、実際よりも多く給与を払っているように偽装して脱税しているケースが多かった。今でもアルバイトの給与を水増ししたり、**架空のアルバイト代を計上するという脱税は多い。**

人件費は、タイムカード、出勤簿、給与台帳などの帳簿類と、業務日報などの現場の記録との照合などでチェックされる。例えばタイムカードを見て、出社時刻、退社時刻がほとんど同じカードが何枚かあったとすると、誰かが一度に何枚かのタイムカードを打刻しているのではないかと疑う。また不審な人件費があれば市役所に問い合わせて、その人件費が実在する人物に支払われたものなのかを調べることもある。

外国人労働者や家族を雇っている企業は要注意

外国人労働者を雇っている企業は、**外国人労働者の人件費について詳細にチェックされる。**

外国人労働者を雇っているふりをして人件費を水増しし、脱税するケースが多かったためだ。なので調査官の誤解を招かないように給与の支払いを振込みにしたり、本人確認の書類を保管するなどの準備をしておくと無難だ。

家族を従業員にしている会社も注意を要する。中小企業の場合、経営者の家族を従業員にしているケースが多いが、ほとんど仕事をしていないのに給与を払っていたり、その仕事に比してあまりに多額の給与を払っているケースがある。

このことを受けて平成18年度の税制改正で、経営者の家族に対する給与が厳しく制限されるようになった。簡単に言えば原則として第三者を雇ったときと比べて、仕事の割に給与が高い場合は否認されることになったのだ。これにより中小企業の経営者やその家族の給与を否認しやすくなった。

人件費はこう見られる

図22 税務調査時に確認されるポイント

CHECK! 1

架空の人物を
勤務しているように
見せかけて
人件費を
水増ししていないか？

給与、賃金、アルバイト代・パート代は会社ごとに設定している金額が違うため、架空計上しやすい。特に短期アルバイトの場合は支払調書（社会保険や所得税の源泉徴収）を作成して役所に提出する必要がないことも多いため、水増ししたり架空人物のアルバイト代を計上しやすい。このような理由から、税務署は目を光らせている。

CHECK! 2

外国人労働者を
雇っているふりをして
人件費を
水増ししていないか？

外国人労働者は不法就労者も多いため、その外国人が所在不明になったとしても本当に雇用していた実態があったのかを確認することは困難。そのため本当は雇っていなかったのに「外国人労働者へ賃金を支払った」と偽る手口が多く、チェックされやすい。

CHECK! 3

家族である従業員に
仕事内容以上の
多額の給与を
払っていないか？

第三者と比べて仕事の割に給与が高い場合は、税務署から否認されやすい。家族を従業員にしている場合は、ちゃんと出勤していること、どんな仕事をしているか、などが明確にわかる資料を準備しておいたほうがいい。

給与を支払う人員が
実際に存在しているかが
最大のチェックポイント

勘定科目別
チェックポイント

福利厚生費／外注費

従業員全員に福利厚生が行き渡っているか

中小企業は、社長が会社の経費を私的に使っていることが多いと前述したが、福利厚生費の名目でも、社長の個人的な支出がありがちだ。

福利厚生費とは、会社が従業員の健康や娯楽のために支出をした場合、経費計上できる。スポーツ観戦、コンサートなどのチケット代金、スポーツジムの利用料などが該当する。福利厚生費で気を付けなくてはならないのは、会社で福利厚生費として支出するものは、**一部の従業員だけしか恩恵を受けられないのはダメ**という点だ。

福利厚生費が認められるポイントは次の2点。

①社長の家族以外の従業員も使える（使っている）か

②世間一般の常識に照らし合わせて福利厚生の範疇《はんちゅう》か

福利厚生については、就業規則などに記載して、それを従業員にも配布することがおすすめだ（図23）。そこまでしておけば、福利厚生において従業員は皆平等に扱われていることになる。

怪しい外注費があれば取引先に確認される

外注費は脱税に使われやすいため、調査官が重点的にチェックする項目だ。

外注費とは、外部の企業や個人事業主と業務委託契約などを締結し、業務の一部を委託したときに支払う費用のことである。外注費の場合、他の経費と違って内容が詳細でなくてもいいため、架空の外注費を計上する脱税者が多い（図24）。だから調査官は外注費に怪しいものがないか血眼になって捜す。そのため調査官に怪しまれないように、仕事の内容などはあらかじめ確認しておき、調査官の質問にすぐに返答できるようにしておいたほうがいい。

また、外注費のうちいくつかは、調査対象者の取引先を調査し、取引が正しく計上されているかチェックする**「反面調査」**が行われる。これを大々的にやられると企業の信用はがた落ちしてしまう。反面調査については、58ページで詳しく説明する。

従業員や取引先に聞き取り調査の可能性がある項目

図23「福利厚生」の内容は就業規則に記載しておく

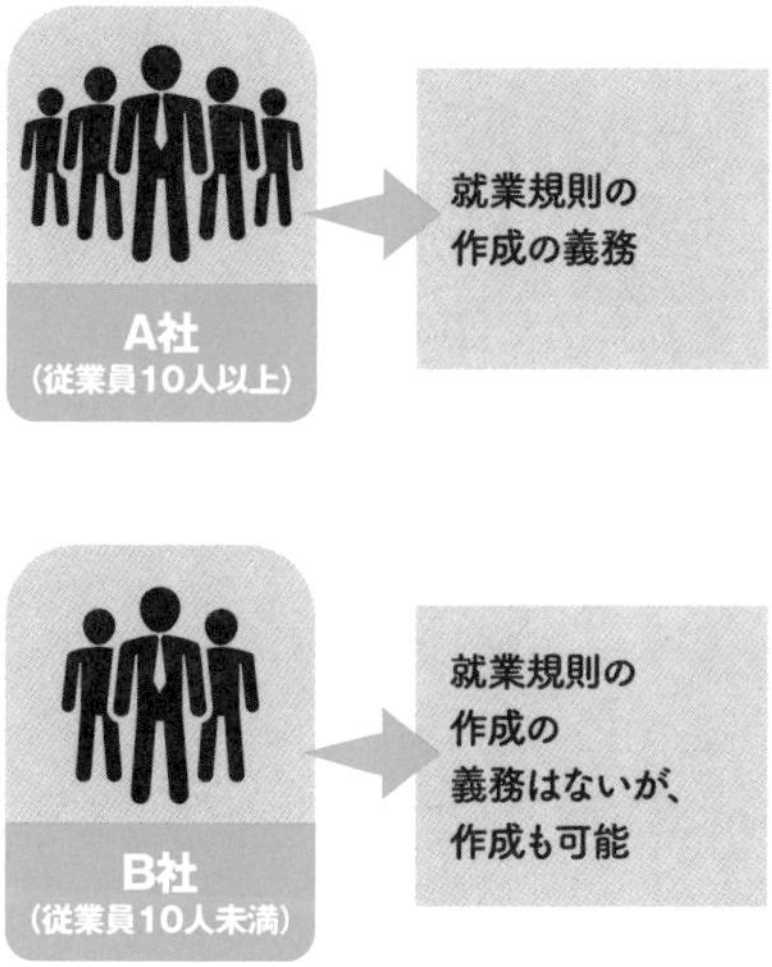
A社
（従業員10人以上）
就業規則の
作成の義務
B社
（従業員10人未満）
就業規則の
作成の
義務はないが、
作成も可能

就業規則の福利厚生内容

〔就業規則〕

福利厚生について

❶ 従業員は福利厚生として
〇〇〇〇を年2回利用できる

❷ 従業員は福利厚生として
△△△△を年3回利用できる

❸ 従業員は福利厚生として年1回
××××を利用できる

福利厚生の具体的な内容を就業規則に
記載しておけば安心！

図24「外注費」は架空や水増しを疑われる

外注費は目に見えないサービスの対価で、金額の設定基準が曖昧である。

そこで外注費を水増しすることで税金を少なくするという脱税が昔から行われてきた。

よくある外注費不正計算の手口

1 実体のない取引先に対して
外注費を支払ったように架空計上する

2 実際に取引のある相手先に対する
外注費を水増し計上する

架空外注費を暴くために、取引先に行って本当に正しいかを確認する

「反面調査」という方法がよく取られる。

そのため外注費の水増しや架空外注費はかなりの確率でバレてしまう。

勘定科目別
チェック
ポイント

生命保険

生命保険も間違いやすい

会社は役員や従業員に生命保険を掛けていることがある。**生命保険も非常に間違いやすい科目**だ。

生命保険は税務上、**保険契約の種類や被保険者と受取人の関係ごとに支払保険料の経理処理が定められている。**そのため契約内容を確認し、適正な処理を行うことが必要となる（図25）。

例えば受取人が被保険者の家族になっている生命保険で、保険に加入しているのが社長や役員など一部の人のみという場合は、会社の損金としての経理はできない。また貯蓄タイプの生命保険も原則として損金経理はできないので間違えないように注意する必要がある。生命保険の基本的な経理処理は次のとおり。

■受取人が会社の場合：経費に計上可能

■受取人が家族の場合：従業員全員が加入していれば経費に計上可能。役員など一部のみだけ加入なら、加入者の給与となる

また生命保険の掛け方は、経費に計上できる場合であっても、生命保険に生存保険金や年金が付いている場合は全額経費にできない。生存保険金、年金付きの生命保険の経理処理は次のとおり。

■生命保険の掛け金部分：経費に計上可能

■生存保険、年金の掛け金部分：資産として計上

■生命保険部分と年金部分の区別がつかない場合：全額を資産計上

このように年金、生存保険など貯蓄性のある生命保険では、**貯蓄部分は経費にできない。**

また昨今、逓増《ていぞう》定期保険と言う節税型の生命保険がよく出回っている。これは掛け捨ての生命保険だが、解約返戻金が異常に高いというものだ。表向きは掛け捨てであっても、事実上は貯蓄保険だ。この逓増定期保険は税法の抜け穴を突いたもので、一時は節税効果が期待された。しかし、平成20年の税制改正で逓増定期保険も内容に応じて資産計上しなくてはならなくなり、節税商品としての価値はあまりなくなっている。

図25 法人契約の生命保険の経理処理

〈貯蓄性のない保険〉

掛け捨て型定期保険、掛け捨て型医療保険等

保険金受取人（被保険者）	経理処理
法人	「支払保険料等」として、損金算入（経費に計上）
役員・従業員、または役員・従業員の家族	**被保険者が役員・従業員の全員加入の場合** 「福利厚生費」として、損金算入（経費に計上） **特定者のみの加入の場合** 加入者の「みなし給与」として、損金算入（経費に計上） ※所得税・住民税の課税対象となる

〈貯蓄性のある保険〉

満期保険金のある養老保険、個人年金保険、解約返戻金のある終身保険等

保険金受取人（被保険者）	経理処理
法人	「積立保険料」として保険金・解約返戻金の受取時まで、資産計上 （保険料を積み立てているという判断がなされ、会社の資産となる）
役員・従業員などの個人	損金算入（経費に計上） ※ただし「みなし給与」となっているため、所得税・住民税の課税対象となる

勘定科目別
チェック
ポイント

修繕費

修繕費が高額のときは要注意

高額の修繕費がある場合は、要注意だ。修繕費とは、会社が経営に必要とする有形固定資産などを修理・改良するために支払った費用のことである。

修繕費は、一括で経費で落とせる場合と固定資産として計上しなければならないものがあるため間違いやすい。なので調査官たちは、例年よりも修繕費が高額になっている場合は、厳重にチェックする。

会社の資産などを修繕した費用は、原則としてその年に一括して経費にできる。

しかし修繕したことによって、その固定資産の価値が上がるような場合は、一括して経費化するのではなく、固定資産に計上して減価償却していかなければならない。

例えば建物の屋根を修繕したとき、壊れた部分を元の材質と同じもので修繕したのであれば、**全額修繕費として一括計上できる**。

しかし前の材質とは違う断熱材などを使い、性能や耐久性が増したような場合は、**資産として計上**しなければならないのである。

納税者から見れば、修繕費用はなるべくなら一括して経費化したいものだが、ここは規則どおりに経理処理をして、修繕前の状況を写した写真などを用意しておき、「修繕しただけ」ということを証明できる準備をしておくと、のちのち面倒がない。

修繕費というのは、修繕しただけなのか、資産としての価値が増したのかを判定しにくい部分でもある。

判別する方法は、まず60万円以上の費用がかかっているかどうかが、第一の判定材料となる。60万円未満ならば、修繕費か資本的支出か不明であっても修繕費に算入できる。

また明らかに資本的支出だとわかっているものでも、1つの固定資産に対して20万円未満ならば、修繕費にできる。

修繕費を損金に算入できる要件をまとめると、図26にあるとおりだ。

税務調査で修繕費が否認されないようにするために

図26 修繕費を損金算入できる要件

1	**原状回復までの費用**
2	**少額または周期の短い費用の損金算入** 1つの修理や改良のために支出した費用が、次のいずれかに該当すれば修繕費として損金経理することができる。 ・支出額が20万円未満の場合 ・おおむね3年以内の周期で修理や改良が行われている場合
3	**形式基準による修繕費の判定** 資本的支出か修繕費かが明らかでない金額で次のいずれかに該当するものは、修繕費として損金経理することができる。 ・支出額が60万円未満の場合 ・支出額が修理・改良をした固定資産の前期末の取得価額の10％相当額以下である場合 （注）10％基準は、「原始取得価額＋前期末までに支出した資本的支出の額」で判定し帳簿価額（未償却残高）は関係ない。
4	**資本的支出と修繕費の区分の特例** 資本的支出か修繕費かが明らかでない場合には、継続適用を条件として、次のいずれか少ない金額を修繕費として損金経理することができる。 ・支出額の30％相当額 ・その固定資産の前期末取得価額の10％相当額
5	**災害などの場合の特例（基通7-8-6）** 災害などで損傷した固定資産に対する支出額で、資本的支出か修繕費かが明らかでないものは、支出額の30％相当額を修繕費として損金経理することができる。

COLUMN

2

税務調査では「税金の払い過ぎ」は黙殺される

税務調査の本来の目的は適正な申告をしているかどうかのチェックである。申告に誤りがあればそれを是正するのが目的であって、追徴税を稼ぐことは本来の目的ではない。

申告の誤りには2種類ある。申告納税額が少な過ぎる場合と、申告納税額が多過ぎる場合だ。

税務調査をしたときに発覚するのは、申告納税額が少な過ぎる場合ばかりではなく、多過ぎる場合もある。

申告額が多過ぎたとき、調査官はどうするかというと、なんと黙殺する。実はこれは限りなく違法に近い。

税法的に過少であろうと過大であろうと、間違いが見つかった場合は正さなくてはならないとなっている。つまり過大申告だった場合は、本来は税金を返さなくてはならないはずなのだ。それは追徴税を課すことと同じように、大事な税務署の仕事である。

しかし、ほとんどの調査官はこの仕事を放棄している。まれにばか正直に、税金を返す調査官もいるが、そんなことをすると税務署の中ではばかにされる。

これは国全体の税務行政から見れば非常に由々しき事態だ。税法の番人であるべき調査官が法律どおりのことをやっていないということになる。しかし税務署の中で、これをおかしいと思っている人はほとんどいない。

税務署では、ただ追徴税を取れればいいと思っている。このように非常に偏重的な考えが国税の中を支配しているのだが、彼らはそれが偏った考えだとは全然思っていない。

第3章

税務署はどうやって情報を集めるのか？

——調査官が行う調査手法

調査官の情報収集法

原始記録はどのように捜されるのか

納税者からの聞き取りで把握する

ここからは税務調査の手法について紹介していく。

税務調査で行われるものでメインとなるのは、帳簿調査である。しかし26ページでもお話ししたように、調査官は納税者が準備した帳簿をあまり重視しない。納税者が自分で準備した帳簿類は自分に都合の悪いことが残っているわけがないからだ。そのため「隠しているもの」「真実の記録が載っているもの」を捜そうとする。これらのことを「原始記録」という。

例えば代表的なものに**従業員の業務日報、手帳や手控え帳**がある。どれが原始記録なのかを見極めるために、調査官は納税者と話を進めつつ、注文はどういう形で誰が受けるのか、どんな取引先があるのか、仕事（納品）や決済はどういう形で行われるのか、その一連をどう記録に取っているのかなどを聞き取る。

例えば経営者の手帳に日々の管理をまとめている様子を感じたら、その手帳が「原始記録」だとみなされて提出を求められる。そして手帳に書かれている現場名と売上帳に記帳されている相手先の照合などをして、手帳には記載されているのに売上帳には記帳されていない仕事（納品）がないかをチェックするのだ。

これらの日々の細かな記録は必ず残っているはずなので、もし記録が残っていなければ、**税務署に疑いを持たれる**ことになる（受注や売上などは日々記録しているはずであり、法定帳簿しかないようなことはあり得ない）。

調査官は納税者と話を進めつつ、原始記録のありかを探り出そうとする（図27）。

「受注先はどういうところが多いんですか？」「仕事はどういう形で入ってくるんですか？」「仕事を受けたとき、どういうふうにして仕事の段取りを決めるんですか？」「予定を見て、従業員に仕事を振り分けるということですが、予定はどうやって管理しているんですか？」「予定を管理している手帳を見せてください」

という具合に手帳が「原始記録」であることを探り、調査するのだ。

図27 調査官が重視するのは取引の最初の記録である「原始記録」

法人税の税務調査は、主に帳簿書類に基づいて調査される（帳簿調査）。

その中でも特に調査官が重視するのは「原始記録」（取引等における最初の記録）の把握で、あらゆる角度から質問や帳簿書類、原始記録の確認を行っていく。調査官によっては、パソコンのデータや書類棚、会社内の机の引き出し、金庫、ロッカーの中、代表者のかばん、自宅にある金庫などに保管されているものを確認したいと言ってくることもある。

調査官は「質問検査権」を持っており、納税者には税務調査に応じなければならない「受忍義務」があるため、調査官が疑問や不審な点を感じれば、その記帳の根拠である「原始記録」を見つけるために必要に応じて、**あらゆる場所を調べることができる。**

主な帳簿書類

総勘定元帳、売上帳などの帳簿類、決算関係の書類、顧客リスト、仕入れ先リスト、領収書・請求書などの証憑書類、株主総会の議事録など

主な原始記録

入出金、口座などを記載した社長のメモ、手帳、業務日報、スケジュール表、集金日誌、電話のメモなど

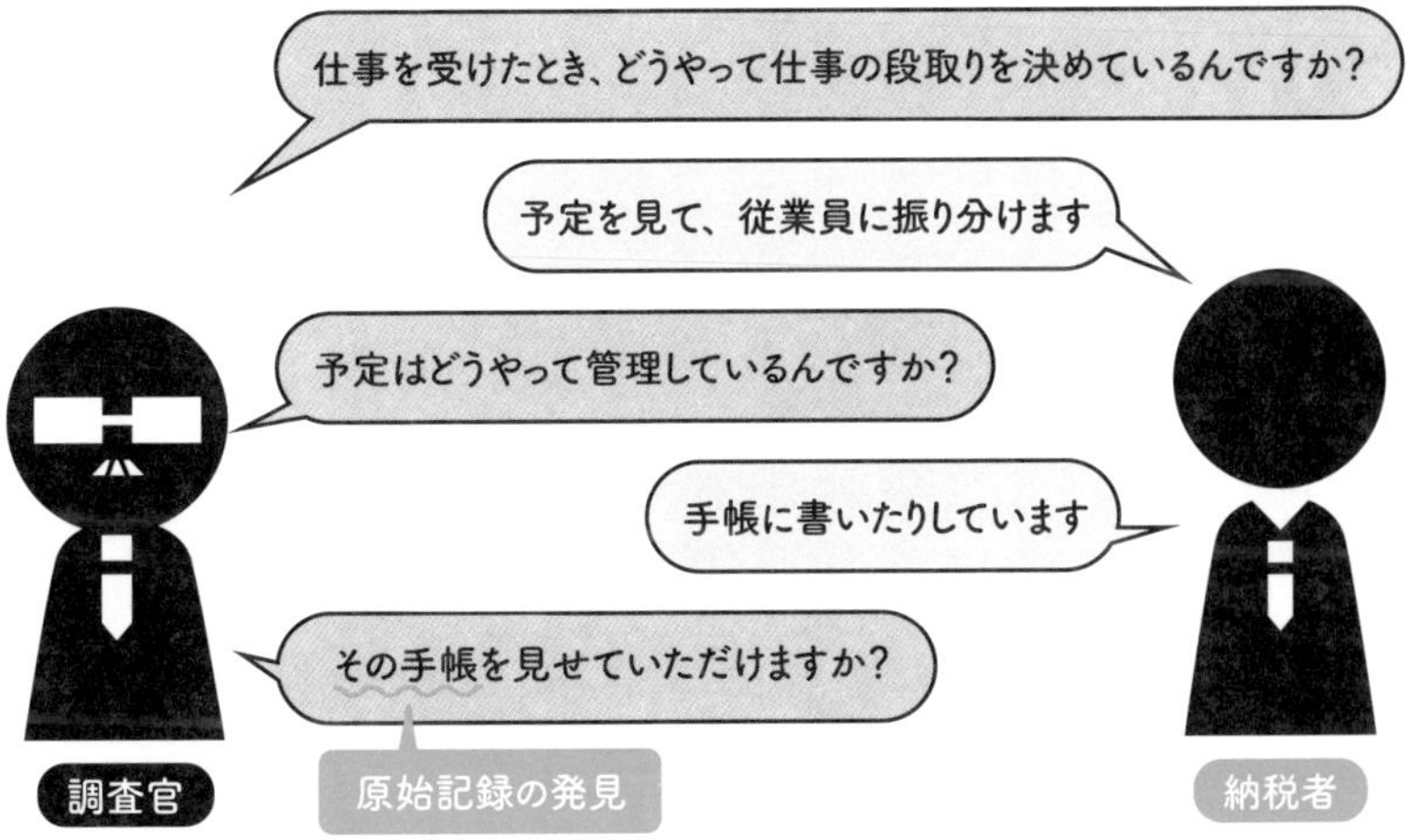
仕事を受けたとき、どうやって仕事の段取りを決めているんですか？
予定を見て、従業員に振り分けます
予定はどうやって管理しているんですか？
手帳に書いたりしています
その手帳を見せていただけますか？
原始記録の発見
調査官
納税者

調査官の
情報
収集法

恐怖の反面調査

反面調査は事前の通告なく行われることがほとんど

「反面調査」とは、調査対象者の取引の相手先を調べることだ。帳票類などに不審な取引や経費などがあった場合、取引先を調べ、それが真実かどうかを取引先に確認する。取引は相手があることなので、相手側との整合性を調べることで脱税していないかどうか調べるのだ。

例えばA社の税務調査をしているとき、業務内容が不明で支払い額も大きい上に現金払いの、B社への不審な業務委託費が計上されていたとする。こういう不審な取引がある場合、A社だけの取引内容をいくら調べても真偽はわからない。だからB社の経理内容を見て、実際に入金があるのか、仕事の内容はどんなものかなどを確認する（図28）。

反面調査は、電話や文書で確認するだけの場合もあれば、調査官が取引先に出向いて聞き取り調査する場合もある。

また税務調査にまったく非協力的な納税者や、帳票類をまったく用意していない納税者に対しては反面調査を徹底的に行い、営業実態の全容を解明する場合もある。

この反面調査を大々的にされると事業者は取引先の信用を失い、大きなダメージを受けることがあるため、反面調査に関わる納税者と税務署のトラブルも少なくない。税務署は**半ば嫌がらせ**のために反面調査をすることもある。事業者にとって反面調査ほど嫌なことはないだろう。

しかし現在の税務調査において、反面調査を防ぐ方法はない。判例でも、必要があれば反面調査をしてもいい、ということになっている。

だから税務調査に入られた場合、**最低でも数件程度の反面調査はあると覚悟しておいたほうがいい**だろう。

そして反面調査をされて信用失墜にならないように、大事な取引先にはあらかじめ「今、税務調査を受けているので、もしかしたら税務署から照会などがあって、ご迷惑をかけるかもしれません」などと連絡しておくことをおすすめする。

税務調査を受けている会社の取引先に対して行われる調査

図28 反面調査とは？

税務調査対象者であるA社の取引の信ぴょう性を確かめるために、
取引先であるB社に話を聞くことがある。

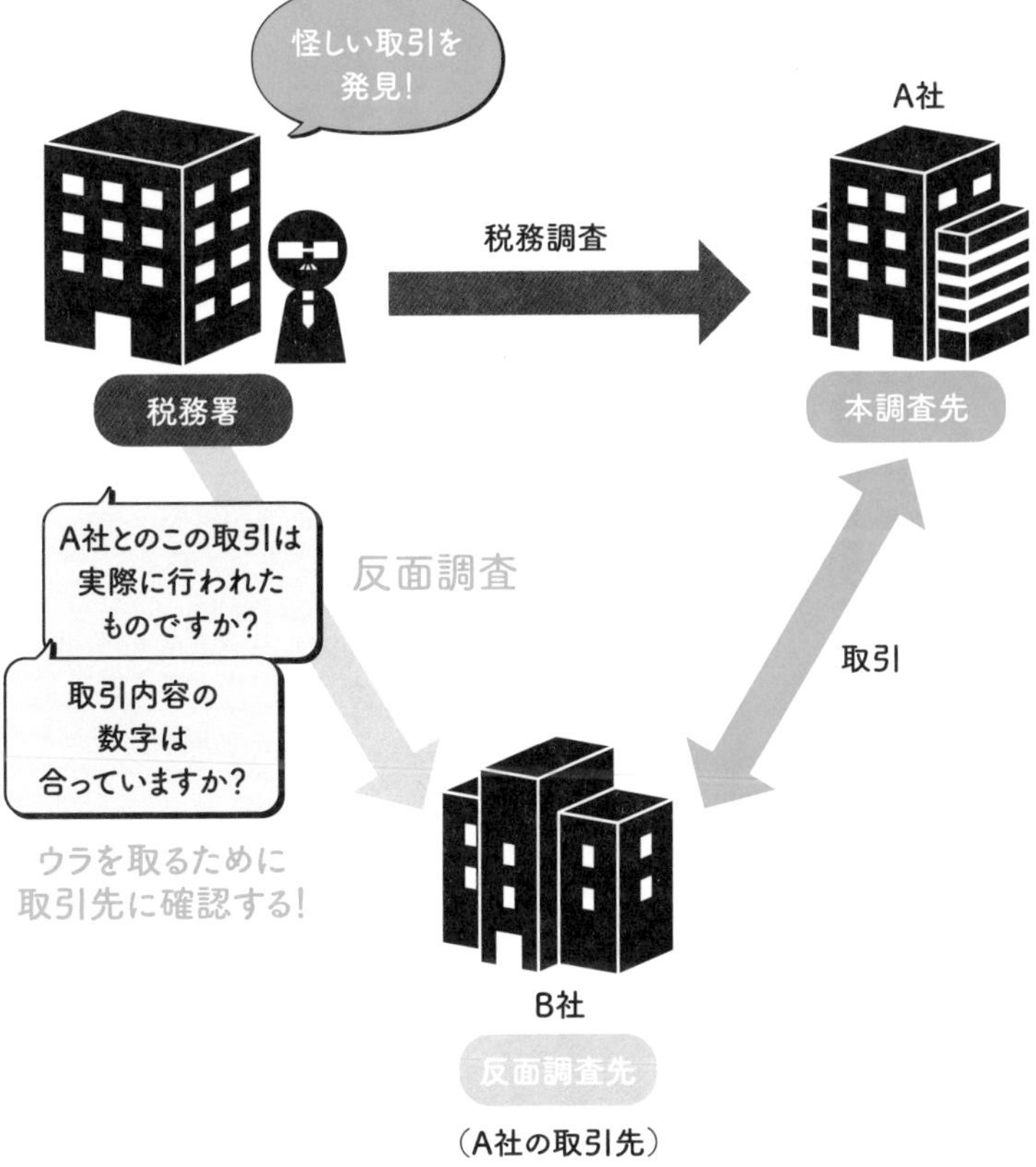

反面調査は最低でも数件あると覚悟しておいたほうがいい!

調査官の
情報
収集法

架空人件費の見つけ方

人件費は真偽が確認しやすい

脱税の手口として「架空人件費」というものがある。

読んで字のごとく、**本当はいない人員をいるように見せかけ、給与を払ったことにして、経費を膨らませる**。

しかし**人件費の脱税は非常に見つかりやすい**。昔のように社会保険などが整備されていない事業者が多いときはこの方法で脱税が成功することもあった。しかし現在は税務調査で人件費が不審だと思えば、その従業員の氏名を抜き出して市役所に問い合わせれば、すぐに真偽が確認できる。その人物が実際に存在するならば住民税を払っているはずだからだ。**税務署と市区町村の税務課は協力関係にあるため、電話一本で問い合わせに答えてくれる**（図29）。

私が調査をしたT建設でこんなことがあった。T建設では実際にはいない人に給与を払っていたことにして、税金をごまかしていた。架空の人件費を給与台帳に載せ、架空の人を載せた従業員名簿、タイムカードも用意されていて、税務署が来てもバレないようにされていた。

しかし私が人件費を中心に調査しようとしてタイムカードと給与台帳、従業員名簿を照合したところ、タイムカードの押されている時間がほとんど同じものが4人分あった。私はこの4人が架空人件費ではないかと疑い、税務署に戻って市役所に問い合わせたところ、「そういう人が住民税を払っている事実はありません」という回答があった。翌日に経営者にこのことを追及したところ、経営者は架空人件費の脱税を認めた。

このように、**架空人件費は簡単に発覚しやすい**。ただし自分の知り合いなどと結託して非常勤役員などに名義を借り、源泉徴収等をきちんとやり、口裏を合わせてあれば見破りにくいケースもある。だが、その人に払う謝礼や社会保険料、源泉徴収税額を考えれば、あまり**割のいいことだとは思えない**。また社会保険加入の義務がないアルバイトなどの従業員が多い業種、人の入れ替わりが激しい工事現場などでは、アルバイトの人員を適当に水増しして申告していれば、発覚しにくいこともある。

郵便はがき

料金受取人払郵便

牛込局承認

8133

差出有効期間
2023年 8 月
19日まで
切手はいりません

162-8790

東京都新宿区矢来町114番地
神楽坂高橋ビル5F

株式会社ビジネス社

愛読者係 行

ご住所 〒 TEL: ( ) FAX: ( )		
フリガナ お名前	年齢	性別 男・女
ご職業	メールアドレスまたはFAX メールまたはFAXによる新刊案内をご希望の方は、ご記入下さい。	
お買い上げ日・書店名 年 月 日	市区 町村	書店

ご購読ありがとうございました。今後の出版企画の参考に
致したいと存じますので、ぜひご意見をお聞かせください。

書籍名

お買い求めの動機

1　書店で見て　　2　新聞広告（紙名　　　　　　　　）

3　書評・新刊紹介（掲載紙名　　　　　　　　）

4　知人・同僚のすすめ　　5　上司、先生のすすめ　　6　その他

本書の装幀（カバー），デザインなどに関するご感想

1　洒落ていた　　2　めだっていた　　3　タイトルがよい

4　まあまあ　　5　よくない　　6　その他(　　　　　　　　)

本書の定価についてご意見をお聞かせください

1　高い　　2　安い　　3　手ごろ　　4　その他(　　　　　　　　)

本書についてご意見をお聞かせください

どんな出版をご希望ですか（著者、テーマなど）

架空人件費はこうして税務調査でバレる

図29 架空人件費とは？

存在しない人物を
つくって、給料を
支払ったことにしよう♪
¥
人件費（経費）を
増やせば、その分、
税金が減る

架空人件費とは、本当は雇っていない人（架空の人物）を雇っているように見せかけ、実際には給与やアルバイト代などを支払っていないにもかかわらず経理上支払ったことにして、人件費（経費）を増やして脱税する行為をいう。

しかし、架空人件費の脱税はバレやすい！

現在は従業員を雇った場合、従業員の住所、氏名、給与支払報告書を各市区町村に提出しなければならないため、架空の人物を雇ったようにしたとしても、調査官がその人物の所在や給与支払報告書が提出されているかなどを市役所に確認すれば、その人物が存在するかどうかがわかるようになっている。

（ただしアルバイトなどは社会保険の加入義務がなく、住所や氏名等を役所に提出する必要がないことも多いため、人物を特定することが難しい）

T建設で雇っている
●●さんという人は
存在していますか？
調査官
そういう人が、
住民税を払っている
事実はありません
市役所

調査官に「架空人件費」を疑われないようにするためには？

- 社内組織図、座席の配置図、出勤簿、タイムカード、業務日報、給与台帳や源泉徴収簿といった書類をしっかり完備しておく。
- できる限り給与は振込みにする。

調査官の
情報
収集法

従業員のタレコミで脱税が発覚

税務署への情報提供・密告でバレる⁉

税務署は**税金に関する密告を大歓迎**している役所だ。昔から密告は税務署の税務調査で大きな役割を果たしてきた。

以前、毎年発表されていた長者番付も、実は市民からの密告のために作られていた制度だった。どういうことかというと、長者番付に載っていないのに派手な生活をしている人がいたら、市民にちくってもらおうと考えていたわけだ。

実際に**税務署には密告や内部告発が度々寄せられる**(図30)。

ただ、それらがすぐに使える情報ばかりとは限らない。密告の中で一番多いのが「あの人は脱税しているらしい」という抽象的な情報だ。そういう抽象的な情報では、税務署は動くことができない。

中には重要な密告も時折ある。私が税務署にいたとき、ある運送会社の従業員から次のような密告情報があった。

「給与の明細よりも少ない金額しか実際にはもらってない。差額は会社が懐《ふところ》に入れ、脱税しているらしい」

これは数年間に渡って続いており、嫌気がさして密告する前の月に会社を辞めているという話だった。

その情報を調査部門の管理責任者である統括官からもらったら、すぐに密告者のところへ行き、給与明細書などのコピーなどを取り、調査を開始した。通常の税務調査のふりをして確認を進めていくと、やはり給与台帳の金額のほうが、密告者が実際にもらっている給与よりも多く記載されていることがわかった。そのため経営者に支払明細書を確認したところ、「支払明細書は作っていない」などと最初こそ抵抗したものの、従業員への聞き取り調査をほのめかしたら、経営者は脱税の顛末《てんまつ》を話し始めた。

経営者によると昨今の不景気のため給与を水増しして計上し、その分を貯めていたとのことだった。しかしどのような理由であれ税法上許されることではなく、当然、結果的に追徴課税が行われることになった。

タレコミも税務署の情報源

図30 タレコミから税務調査が入ることがある

従業員、元従業員、知人、取引先、親戚 などから

税務署に

「あの会社は脱税している」

「あの会社は儲かっている」

「あの人は申告していない」

などと、タレコミがいくケースもある。

そのタレコミに**信ぴょう性**があると**判断**されれば
税務署は、その会社の**税務調査**を**優先的**に行う

税務調査

会社の資料と密告者から入手した情報・資料を照らし合わせて申告書の内容が正しいかどうかを確認する

調査官の情報収集法

ニセの領収書はこうして見破られる

領収書工作は昔からよくある脱税手口

昔から脱税者が思いつくのが、「ニセの領収書を作れば脱税できるのではないか」ということだ。領収書は取引があったかどうかを判断する証拠になり、領収書があれば帳簿上はその金額を経費にすることができるため、ニセの領収書を使って脱税をするのだ。

手口としては、白紙の領収書に好きな金額を書き込んだり数字を書き換える「改ざん」、ニセの領収書を業者から買う「偽造」がある。昔はニセの領収書を売買する業者もあり、**「B勘屋」**という隠語が税務署内で使われるほど、ニセの領収書は脱税によく使われていた（図31）。

しかし税務署から見れば、**領収書が精巧だろうとそうでなかろうと、あまり関係がない**。調査官は領収書そのものよりも領収書の背景を見るからだ。不自然な経費や突発的な取引など**「この経費はおかしい」**という勘が働く。もちろんニセの領収書が見つかれば、それも見逃さない。

調査官たちがニセの領収書を見破る方法はさまざまだが、かつての同僚の例を紹介すると、その同僚は、会社から提出された申告書をチェックしたり資料情報を整理する内部事務を長年していた。その後調査官になり、税務調査で外注費や経費を確認したところ、見慣れない会社の領収書がたくさんあることに気付いた。

同僚は内部事務をしていたため税務署管内の会社名はほとんど覚えていたのだが、住所は管内の会社なのに、見慣れない会社名の領収書が出てきたのだ。そこで架空ではないかと思い確認したところ、その領収書に記載された会社や事業者は存在しなかった。

こんな具合に、ニセの領収書は見つけられたりすることもある。

その会社は外注費や経費を架空に作って、請求書や見積書、領収書も一揃い作って税務署が調査に来ても不審に思われないようにしていたが、それでもニセの領収書は見破られやすいものだと認識しておいたほうがいいだろう。

経営者が脱税のために使う業者「B勘屋」とは

図31 B勘屋は場所を変えてニセの領収書を売り続ける

ニセ領収書の販売業者

B勘屋の特徴

闇社会で暗躍	・暴力団関係者が行う場合が多い
	・近年ではインターネットでも販売
一般人では買えない	・表看板は掲げていない
	・口コミを中心に販売を行う
幽霊会社の領収書	・倒産状態、休業状態の会社の領収書を発行
	・実印などを使用し、精巧なニセ領収書をつくる
	・額面の5%が販売額の相場

1枚のニセ領収書が出ると一網打尽!

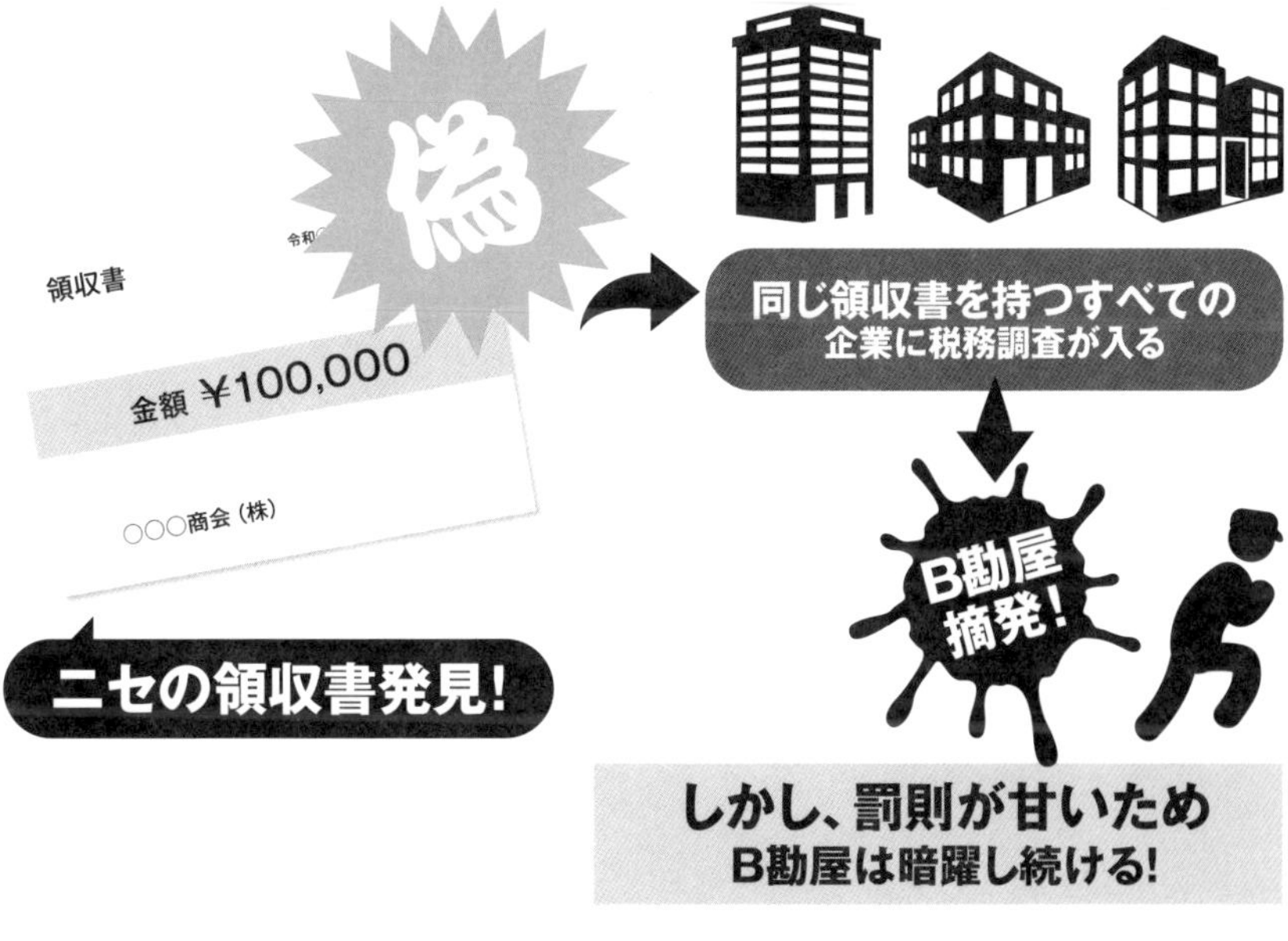
偽
領収書
金額 ¥100,000
○○○商会（株）
ニセの領収書発見!
同じ領収書を持つすべての企業に税務調査が入る
B勘屋摘発!
しかし、罰則が甘いため
B勘屋は暗躍し続ける!

調査官の情報収集法

白紙の領収書に勝手な金額を書いてもバレない？

領収書の改ざんも意外とバレる

領収書関係の話をあと3つしておこう。飲み屋などでは時折白紙の領収書をくれることがある。これは脱税をしろというようなものだ。適当に数字を書けばいいのだから。実際、この脱税はあまり発覚しない。

この脱税があまり発覚しないのは見つかりにくいからではなく、金額がさほど大きくないからだ。せいぜい1回につき1万円か2万円の脱税を追及したり先方に確認したりするのは、税務署としてもあまりしたくない。しかし昨今は税収不足のために税務署も細かいところまで見逃さずチェックするようになってきているので、この方法も指導されるケースが増えてきている。調子に乗ってたくさんやると税務署から指摘されることになる。

また白紙の領収書ではなく普通の**領収書の数字を書き換える脱税手法**もよく行われる（図32）。領収書の「1」を「4」にしたり、一番前に数字を足すなど、後から書き加えるのだ。それでも、やはり調査官から見れば数字のバランスがおかしかったり、金額を不審に思ったり、どこか変に映るものなので、避けたほうがいいだろう。

領収書の書き損じに気を付けろ

領収書は売上の記録となるため、税務署にとっては重要な帳票類になる。領収書を廃棄して売上を脱税するケースも多いからだ。

領収書を書き損じたような場合、そのままゴミ箱に捨てたものが調査官に見つかると、売上を抜いている疑いをかけられることになる。

最近はあまりないようだが、以前は領収書を捨てているのが1枚見つかれば、数万円の追徴課税を取っていたこともある。領収書は書き損じたものでもきちんと取っておかなければならず、領収書を捨てるということは売上をごまかしているとみられても仕方ないとされた。

なので領収書を書き損じた場合は、それを捨てたりせず、領収書に×（ばってん）をして保管したほうがいいだろう。

領収書の書き換えは「脱税」になるため、35%の追徴課税になる!

図32 領収書の金額と日付の書き換え

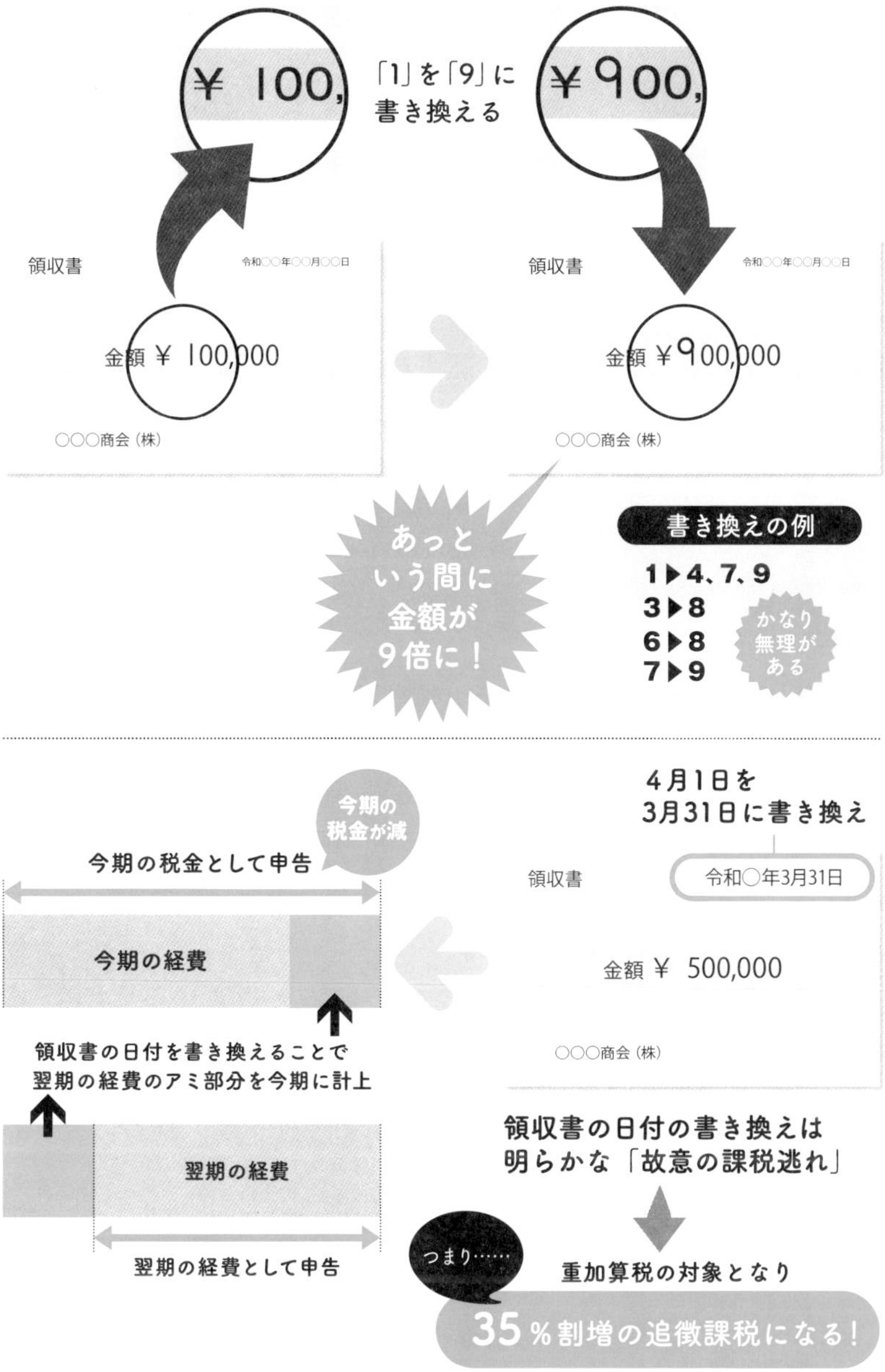
¥ 100,
「1」を「9」に
書き換える
¥ 900,
領収書
令和○○年○○月○○日
金額 ¥ 100,000
○○○商会(株)
領収書
令和○○年○○月○○日
金額 ¥ 900,000
○○○商会(株)
あっという間に金額が9倍に!
書き換えの例
1▶4、7、9
3▶8
6▶8
7▶9
かなり無理がある
4月1日を
3月31日に書き換え
今期の税金が減
今期の税金として申告
今期の経費
領収書の日付を書き換えることで
翌期の経費のアミ部分を今期に計上
翌期の経費
翌期の経費として申告
領収書
令和○年3月31日
金額 ¥ 500,000
○○○商会(株)
領収書の日付の書き換えは
明らかな「故意の課税逃れ」
つまり……
重加算税の対象となり
35%割増の追徴課税になる!

調査官の
情報
収集法

全国の取引を監視する国税の情報網

調査官は日本各地の税務署から情報入手できる

「領収書を切る取引は隠せない」

税務の世界ではよくこんなことが言われる。領収書は別に税務署に提出するわけではない。それなのに、なぜ領収書を切った取引は隠せないのか？　その答えは、税務署の情報網にある。

調査官たちは税務調査で、調査先の申告漏れ・課税逃れを捜すとともに、情報収集にもいそしんでいる。具体的には調査先の持っている領収書を片っ端からコピーしているのだ。

その領収書は、資料化されて、各地の税務署に流される。だから、あなたが切った領収書が、どこかで税務署の手に渡っているかもしれないのである。

また税務署の情報網は、全国的に張り巡らされていて、**日本全国の調査官が集めた情報はいったん国税庁で集計され、整理されてから全国各地の税務署に流される**（図33）。

そのため遠隔地の取引だから、地元の税務署にはバレないだろうと思ったら、大間違いだ。

「隠した取引が発見される確率」は、遠隔地でも近隣地でもほとんど変わらない。

例えば仮に機械製造業を営んでいるK社という企業があったとする。K社では通常は地元の東京での取引がほとんどだったが、あるとき北海道のB社から注文が入った。

K社は、北海道に売ったものは税務署にはわからないだろうと思い、その売上を抜いていた。

しばらくして北海道のB社に、税務調査が入った。そのとき北海道の税務署は、B社がK社から機械を購入したという情報をつかみ、その情報はすぐに東京の税務署に送られた。

だから当然、東京の税務署ではK社の税務調査の際、その情報を持っていくことになる。そうなるとK社の調査に行った調査官は、B社に対する売上が計上されていないことにすぐに気付くことになる。

こうして売上除外は、あっけなく発覚してしまうのだ。

税務署の情報ネットワーク

図33 国税庁には日本全国の調査官が集めた情報がある

全国の税務署から
必要な情報を入手している!
調査官

日本各地にいる調査官からの
豊富なデータ

×

解析

国内での取引データは
税務署の手の中にあると想定しておいたほうがいい

調査官の
情報
収集法

帳簿書類がないときには「推計課税」される

帳簿書類が不備なら概算で課税されることもある

事業者によっては、帳簿や領収書類をまったく残していない場合もある。そういう場合は、事業者の資産や取引状況などから、所得を推計し、税金を課すことになる。これを**「推計課税」**という。

経理関係の証拠をまったく残していない人には、その人の所得を推測して課税するということである（図34）。

例えば、私の調査官時代に美容院のM社に税務調査をしたときのことだ。

M社は会社とは名ばかりのごく普通の個人事業規模の美容院で、帳簿の記帳などをまったくしておらず、経費の領収書ももらっていなかった。

代表者は**自分のような小さな個人経営の会社に税務署が入ると想定しておらず、毎年適当に申告していた**のだという。

けれどもM社は小規模ながら、けっこう客の入りもいいという評判があり、これまで税務調査をしてこなかったことから、税務調査先として選定された。

美容院は現金商売のため、抜き打ちの調査が行われた。ある日の開店前、私は同僚3人とともにM社に税務調査を行った。

調査が始まるなり、代表者は「帳簿をつけておらず領収書もない」と言ったが、事前に店の客の入り具合や代表者の預金関係なども確認していたため、「あなたの資産関係や店の状況などを調べたところ、あなたの本当の所得はこの程度あると私たちは考えています」と、**所得の算出根拠**を明示した書類を見せた。

代表者は「そんなに儲かっていない」とごねたが、結局M社は300万円の追徴税を課せられた。

この「推計課税」は、税務調査をさせてくれない、税務署に非協力的な事業者に対しても行われることがある。以前、オウム真理教の関係するパソコン販売店に税務調査が入ったとき、販売店側は帳簿書類を見せないなど非協力的だったので、同業者や客の入り具合、資産状況などから推計課税されたことがあった。

税務調査で行われる推計課税とは

図34 売上や経費などを「推測」して計算し、その金額を基《もと》に納税額を決める

売上高を立証する資料がない場合の「推計課税」

所得税・法人税に関する税務調査の際に、故意過失を問わず「帳簿書類がない」という状況がしばしばある。「推計課税」とは、文字どおり推計で所得税・法人税を課税する制度。

納税者の帳簿の保存や領収書や請求書の管理が不十分で紛失してしまい、資料による所得計算が困難な場合や、税務調査に納税者が非協力的な場合、間接的な資料を基に所得を推計して課税する。

推計課税が行われる場合

- 納税者が帳簿書類等を備えておらず、収入・支出の状況を直接資料によって明らかにすることができない場合
- 帳簿書類に誤記が多く信用性に乏しい場合
- 納税者またはその取引関係者が調査に非協力的であり、資料が入手できない場合

推計課税に要注意!

推計課税による売上額や所得額は、現実の金額と異なる可能性が高い。それも、売上・所得の金額が**本来の金額よりも過大な額で推計されてしまい、余分に税金を納めなくてはならなくなる**という状況も多く発生する!

推計課税を防ぐためには、帳簿書類をきちんと保管しておくことが重要。

調査官の
情報
収集法

銀行預金は税務署に筒抜け

税務署と銀行は協力関係にある

税務署が情報収集するとき、もっとも重要視しているのが金融機関だ。金融取引には脱税情報が詰まっている。脱税をするにも、脱税で得たお金を隠すにも、金融機関が利用されることが多いからだ。なので税務署は金融機関から頻繁に情報収集を行っている（図35）。

金融機関はいつでも税務署と協力関係にある。そのため**税務署は「調査依頼書」という紙切れ1枚で、自由に金融機関の中の情報を調査することができる**。調査依頼書も裁判所の許可などは必要なく、税務署が独自に発行でき、しかも税務署長の決裁なども必要なく、現場の調査官が事実上自由に発行できる。つまり税務署はいつでも自由に金融機関を調査することができる。

金融機関での情報収集、いわゆる銀行調査では、まず税務署の調査官が銀行に対して「○○氏の預金状況を調べたい」という旨を文書などで伝える。その後、銀行が文書で回答する場合と、調査官が銀行に直接行って調べる場合がある。ただ銀行は得意先の預金を一方的に調べられるのでは得意先に対する信用を失う可能性があるため、税務署の調査対象となった人に対して「税務署の調査があった」と知らせるようだ。

銀行調査で脱税が見つかる事例としては、仮にSという小さなうどん店があったとする。

S店では伝票も切らずに商売をしていたので、税務署は脱税の証拠をつかみづらかった。そこで税務署はS店や店主の自宅近辺の金融機関をくまなく回り、資産の全貌《ぜんぼう》を把握することに努め、そして税務署は店主の自宅近くにあるF銀行に多額の預金があるのを把握した。

S店では毎日の売上から数万円ずつ抜いてF銀行に預金していたのだ。残高は4000万円以上あった。S店の店主は申告書上では毎年400万円程度の所得しかなかったにもかかわらず、4000万円の預金があるというのは、大き過ぎる。税務署はこの事実をもとに店主を追及し脱税の事実を認めさせ、**1500万円の追徴税**を課すことにした。

税務署による預金調査

図35 税務署は銀行に対して税務調査への協力要請ができる

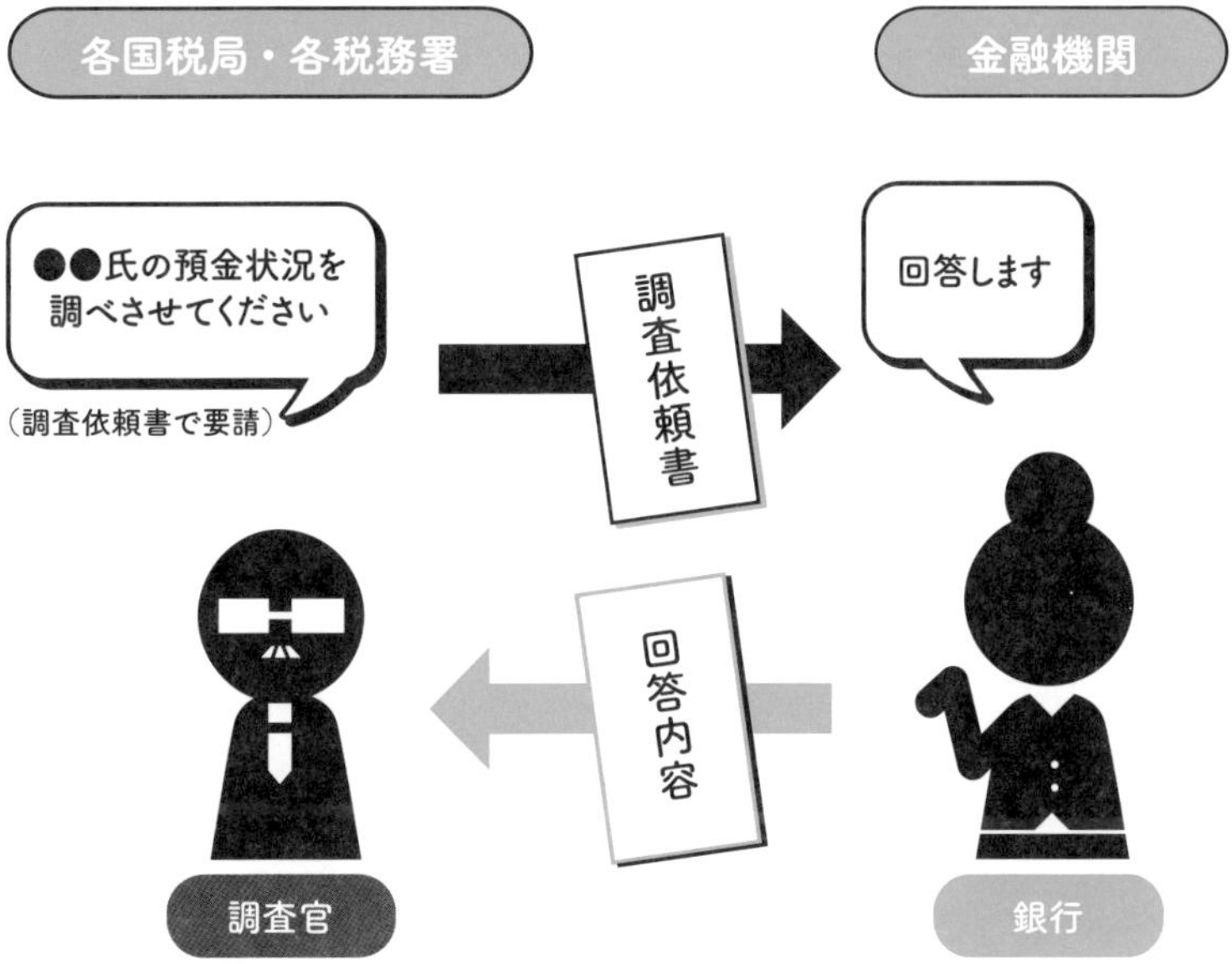

調査官自らが銀行に直接行って調べることもある!

税務署は、銀行や信用金庫などの金融機関に対して、税務調査の目的で情報提供への協力を要請することができる。銀行取引には銀行側で10年分の履歴が残されているため、照会をかけることで過去の動きを知ることが可能。

調査官は調査対象とする事業者や個人事業主が持っている預金口座の番号や入出金状況、口座の開設年月日やクレジットカードの利用状況など、かなり細かな個人情報まで入手できるようになっていて、調査ではそれらをもとにお金の流れを追っていく。

調査官の
情報
収集法

架空口座を見つける「横目調査」とは？

調査官の違法な情報収集活動

前項では「脱税は銀行預金情報からバレる」ことを紹介した。が、脱税者の中にはそれを知っている者も数多くいる。そんな彼らは脱税マネーを普通に預金口座に預けるようなことはせず、**架空口座**などを使って、バレないような工作をする。

架空口座というのは、実際の持ち主とは違う名義や存在しない人の名義を使った銀行口座のことである。事業を行っている人や会社は、その事業で使っている預金口座を税務署に公表しなければならない。つまり税務署が公表口座を調べれば、その事業で得られた収入や支出の状況が一目瞭然となる仕組みになっている。

しかし税務署に収入を全部知られたら困る脱税者は、非公表の預金口座を持っている。非公表の口座は、本人名義のものや家族名義、親戚名義などの場合や、さらに見つかりにくいように、赤の他人や架空の人物の口座、いわゆる架空口座を使う。

税務署はもちろん、これらの仮名口座や架空口座を見つけるために、まず銀行そのものにも仮名口座や架空口座が作れないように本人確認の徹底などを義務付けている。また最近では、自分の口座を他人に売買すること自体が違法となった。

さらに税務署には架空口座を見つけるための**「横目」といわれる特殊な調査手法**がある（図36）。

「横目」とは銀行で調査をしている際、ある会社を調べているふりをして、別の会社の口座を調べたり、銀行全体の中におかしな預金口座がないかを調べることだ。

なぜそんな手法を取るのかというと、銀行はいくら税務署といえども、脱税とは何の関係もない預金者の口座を自由に閲覧することはできないようになっている。明確に「○○社の預金口座を見たい」と言わないと閲覧を許可しないのだ。

しかし税務署としては、預金者の口座を自由に見たいため、ダミーのターゲットを作って、そのダミーを調査するふりをして横目で架空口座探しをする。

横目調査が行われる手順

図36 別件の税務調査をするふりをして無関係の第三者の口座を調査する

横目調査とは?

調査官が銀行などに出向いた際に、本来の税務調査対象者以外にまで調査範囲を広げ、本来の調査とは直接関係のない人の銀行口座の取引記録や口座情報を「横目」で覗き見るように調査（カンニング調査）し、あわよくば問題発見の端緒につなげることを意図した調査手法。

調査例

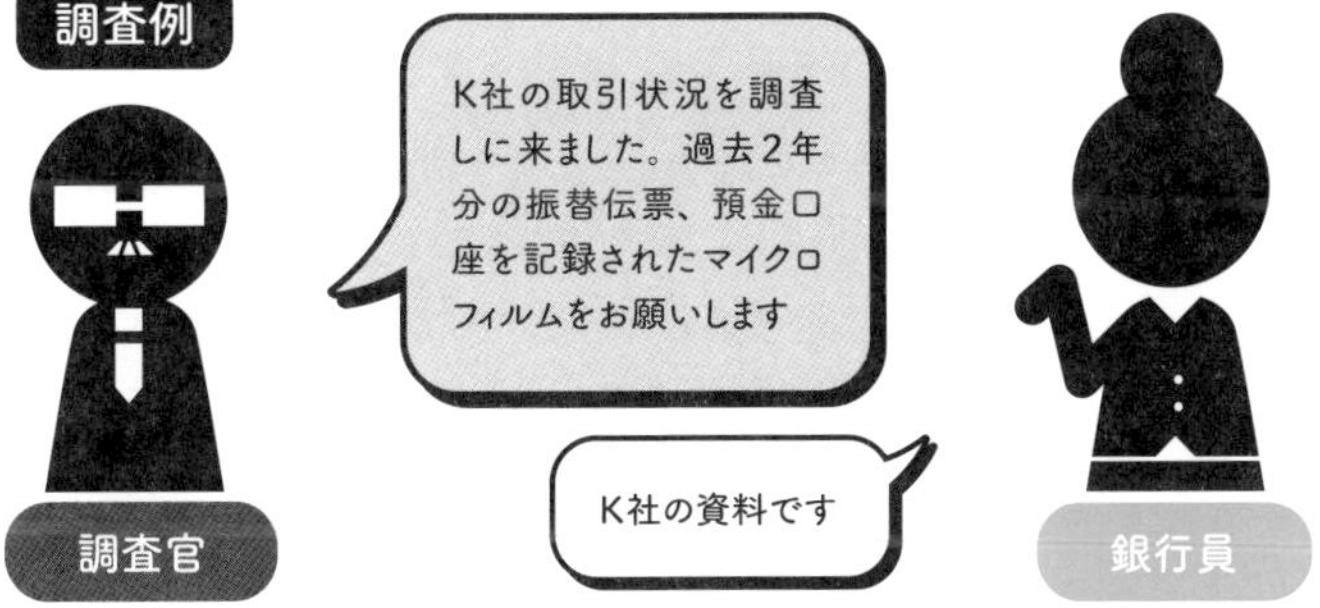
K社の取引状況を調査しに来ました。過去2年分の振替伝票、預金口座を記録されたマイクロフィルムをお願いします
K社の資料です
調査官
銀行員

銀行の取引記録であるマイクロフィルムの中から怪しい口座をピックアップして、税務調査に役立てる!
● 個人名義なのにいろいろな会社からの入金がある口座
● 多額の入金があり毎月定期的に引き出されている口座
など

K社の調査はダミー

K社の預金関係を調べるふりをして、銀行内の取引記録を大局的に調べる。そこでおかしな取引がないかをチェックし、架空口座なども見つけようとする。

※ただし税務調査においては「調査の必要性が認められること」が要件とされているため、必要がないのに一般的網羅的に銀行口座の内容を覗き見ること（横目調査）は違法。

COLUMN 3

税務署は「秘密のデータファイル」を持っている？

税務署にまつわる都市伝説の1つに、税務署は「秘密のデータファイル」を持っていて、そのファイルには各業種の詳細な所得率が記載されている。**そのデータさえあれば、所得をごまかしている業者は一目瞭然でわかってしまう**というものがある。

この都市伝説は真実なのかといえば、答えは「8割はウソ」だ。確かに税務署のデータには各業界の所得率がわかる「所得率表」がある。しかし脱税が一目瞭然にわかってしまうほど、税の世界は甘くはない。

そもそも「所得」というのは事業者にとってみれば「利益」とほとんど同じであり、所得率というのは利益率と似たようなものである。つまり所得率表は「業界別の利益率表」と同じようなもので、それは経済誌の記事の中にも出ているため、特別に珍しくも貴重なものでもない。

また都市伝説では、「税務署は各業種の所得率を知っているので、脱税をすれば所得率がおかしくなり、脱税が発覚する」ということになっているようだが、所得率は、それほどあてになるものではない。なぜなら同じ業者といえども経営形態はまったく違い、薄利多売のものもいれば、少量の品を高利で販売しているものもいる。人をたくさん雇って人件費の割合が高い業者もいれば、少人数で大規模な商《あきな》いを行っている業者もいる。だから今は、利益率が低いからといって脱税をしているとは言えないのだ。

また今はほとんどの事業者が一応の帳票類を完備しているため、所得率表を活用する場面は少なく、せいぜい参考資料にするくらいになっている。

だから、もし所得率表を持ってきて「あなたは脱税しているでしょう！」などと言う調査官がいれば、それは相当なイカサマ野郎なので、くれぐれも口車に乗らないように注意していただきたい。

第4章

税務署員にだまされるな！

――調査官はこのように、あなたを言いくるめる

調査官の
驚きの
手口

優しい口調にだまされるな！

グレーゾーン指摘に対抗する方法

最近の調査官は、とても紳士的になっている。インターネットやSNSの発達などでヘタなことをすれば撮影されてネット上に流されたりするため、**税務署といえども、やりたい放題はできなくなった**からだ。

しかし調査官の態度が優しいからといっても、だまされてはいけない。彼らが調査に来るのは、少しでも追徴税が欲しいからであり、油断はできない。

前提として知ってほしいのは、**税金にはグレーゾーンがたくさんある**ということだ（図37）。

税の世界では課税になるかならないか、経費として認められるか認められないか、明確な線引きがされていないものが多い。また個別の事情によって線引きは変わってくる。つまり税務には微妙なものが多いのだ。そういう微妙なものに関して裁定を下すのは、実は調査官ではない。法律的に言えば納税者が自分で判断してよく、調査官は明らかに間違っているものだけを指摘できる。だから**調査官がグレーゾーンに関して「これはOK」「これはダメ」などと判断する権限はない**。

しかし、そのグレーゾーンでもめたとき、**調査官はうまく口車に乗せようとしてくるので要注意**である。

例えばあなたが友人とゴルフに行ったとき、それが交際費になるかどうかは微妙なところだ。仕事に全然関係ないことはないので、納税者が交際費に計上しているのであれば認めなければならない。

すると、どうするか？ 調査官はやんわりとした口調で「こういういい加減な経理をしていたら、あなたの会社の将来のためによくないと思いますよ」というようなことを言う。これは要するに否認する証拠がつかめないため、**自白に頼ろう**としているのだ。

こんな口車に乗ってはいけない。あなたが交際費だと思って計上したのであれば原則として認められるべきだ。だから調査官の言いぐさに後ろめたい気持ちなど持たなくてもいい。彼らは社会正義でもなんでもない、ノルマに追われているただの税金取りに過ぎないのだから。

税務解釈には幅がある

図37 税務調査の「グレーゾーン」の攻防

申告内容に
税務上問題なし
申告内容に
税務上問題あり
白
グレーゾーン
黒
税務調査で是認
解釈に差が出るゾーン
税務調査で否認・修正

調査官との交渉次第で税務調査の結果が変わる!?

グレーゾーンでもめたら?

これ(グレーゾーン)は、税務上問題があると思います
こういう経理をしていたら、あなたの会社のためになりませんよ
調査官

調査官にとってもグレーゾーンの可否を断言するのは難しく、一方的に更正決定処分するのは容易ではない。

調査官の口車に乗らず、自分が正しいと判断しているならキッパリと主張する

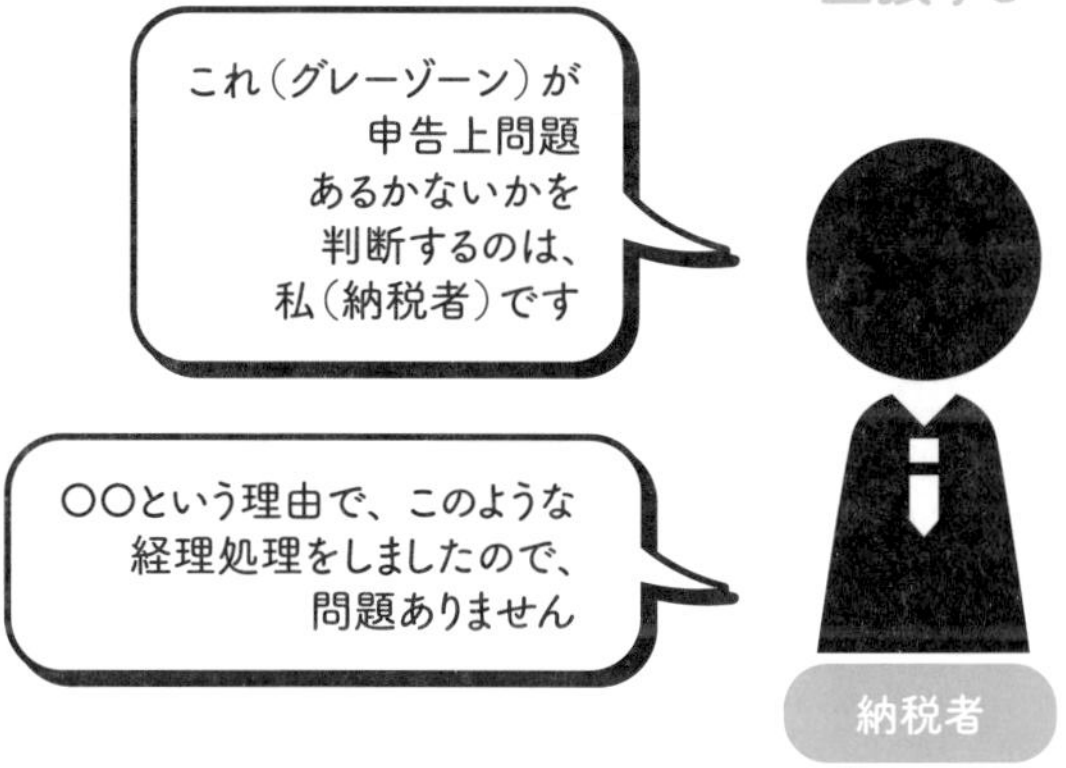
これ(グレーゾーン)が申告上問題あるかないかを判断するのは、私(納税者)です
○○という理由で、このような経理処理をしましたので、問題ありません
納税者

調査官の驚きの手口

調査官は市民の「お上意識《かみ》」を利用する

基本的に尊重されるのは納税者の申告

日本人というのは、指導者などに対してとても従順な民族だ。昔から政治家やお役人にあまりたてつくことはなく、権力者を倒すための市民による武力革命は、ほぼ起こったためしがない。

そのため日本人は、お役人は間違ったことを言わない、お役人の言うことは聞かなくてはいけないと思っている節がある。特に**税務署の調査官などは税金のプロなので、彼らの言うことには必ず従わなくてはいけないと思っているようにみえる**。

調査官はその心理を上手に利用して、追徴税を稼ごうとする。

前項で税務のグレーゾーンに対して調査官はその可否を判断する権限はないと話したが、あたかもその権限を握っているかのように納税者に振る舞うことがよくある。

例えばゴルフ代を会社の経費で認めるかどうかで、調査官が「このゴルフに一緒に行ったYさんとは最近あまり取引していないから、Yさんは取引先じゃなくて普通の友人でしょう？　友人と一緒のゴルフなら、これは会社の経費とは認められません」などと言うことがある。

でもこれは明らかに法的にはおかしい。

というのも、**交際費（会社の経費）に該当するかどうかの判断を、調査官がする権限などはない**からだ（図38）。交際費は非常に線引きが難しく、どこまでが会社の交際費でどこからがプライベートの費用なのか、なかなか判断がつかない。そのため、**基本的にまず納税者の申告が尊重される**。

そしてそれが明らかに誤りであるときには調査官は否認することができるが、このケースだと明らかに誤りがあるとは言えない。もし納税者が不服申立てをしたり、行政訴訟を起こせば、税務署は負けるだろう。

要するにあたかも最初から調査官に判断できる権限があるかのごとく「これはダメです」などと言うことはできないことを、覚えておいていただきたい。

納税者が提出した申告書が第一に尊重されることを忘れずに

図38 「交際費」は特に グレーゾーンが広い

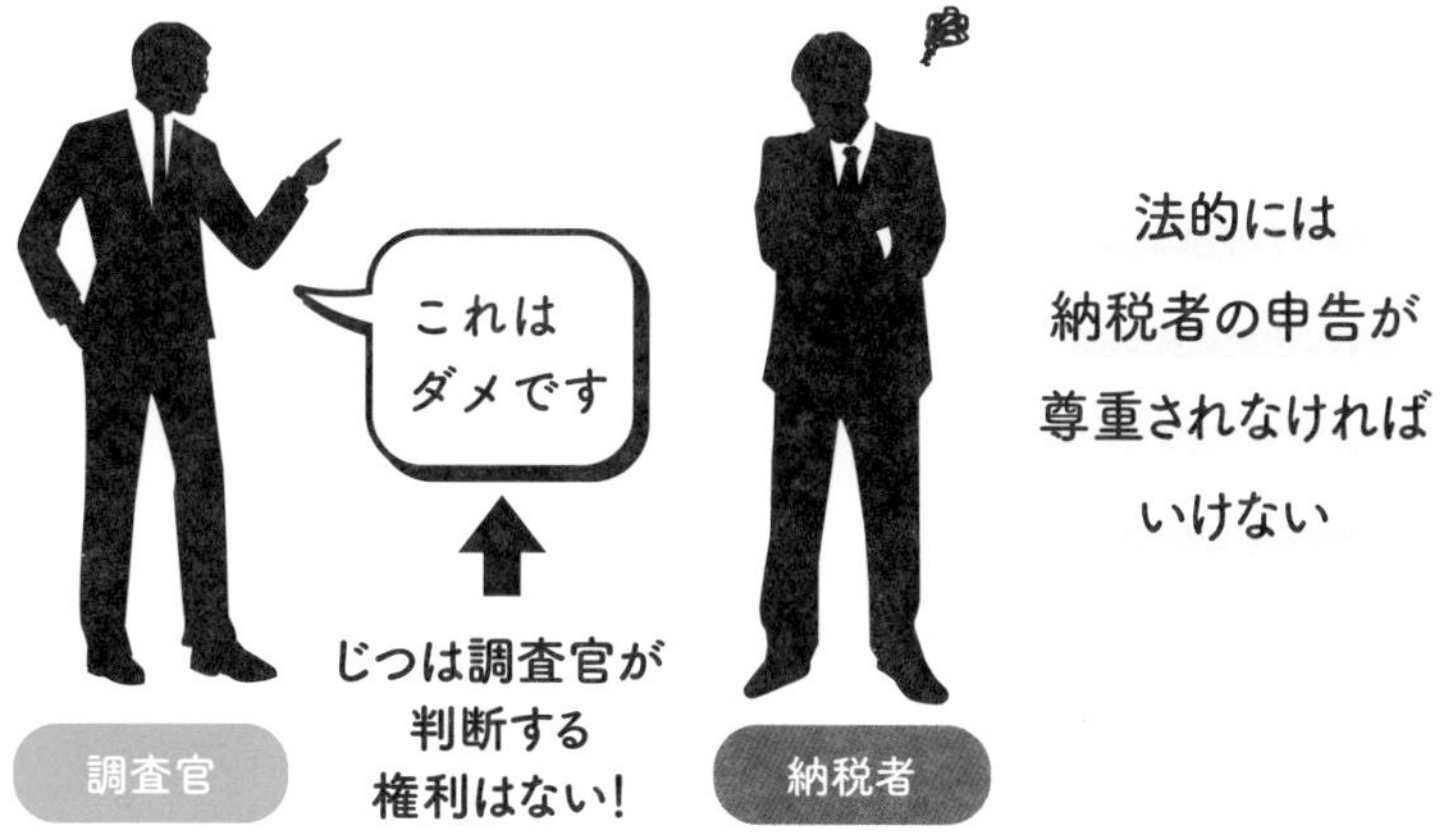
これは
ダメです
じつは調査官が
判断する
権利はない!
調査官
納税者
法的には
納税者の申告が
尊重されなければ
いけない

交際費にできるかどうかの大まかな基準

- 人と会っていること
- 仕事について何らかの話をしていること
- 全額を自分が払っていること

基本的に「仕事に関係する」交際費ならば
広い範囲で経費で落とすことができる。

特に飲食関係は、朝食でも昼食でもだいたい
交際費で落とすことができる。

ただし、領収書や相手先、年月日、参加人数、金額、
場所などは残しておいたほうが無難。

調査官の驚きの手口

1つの間違いを徹底的に突いてくる

調査官は納税者に対して強気

調査官の手口に、1つの計上漏れを見つけたら、そこから全体を突き崩すという手法がある（図39）。

これは簡単に言えば、中告書や経理に1つでも間違いがあれば、「1つ間違いがあるということは他にも間違っているところがあるでしょう？」と徹底的に攻めて、**証拠もないのに多くの追徴税を巻き上げる**というものだ。

筆者も調査官時代、このやり方で多額の追徴税を稼いだことがある。

例えば一般家庭の家屋の修理業を営んでいるK社という業者があった。K社は帳簿類は完備していて領収書も残され、決算書、中告書までの流れも完璧で、一見したところ申告漏れなどはないような状態だった。しかしK社の仕事の状況を調べていくと、明らかに仕事がされているのに代金の請求がされていないものが1つ見つかり、売上にも計上されていなかった。

そこで経営者を追及すると、「それは下水が詰まったものをとってあげたものです。代金は現金でもらったと思います」とのこと。しかし、その分は売上に計上されていなかった。

経営者はその分を計上すると言ったが、**調査官はここで、ただ1件だけの売上計上漏れで済ませたりはしない**。「1つ計上漏れがあるということは、経理処理が完全ではないということですね？」「この件のように現金で回収したものが他にもあるんじゃないですか？」「今わかった分の10倍以上はあるはずですよね？」などと追及が始まるのだ。

結局、K社は発覚した売上計上漏れの10倍を計上漏れしていた、ということになってしまった。

このときK社は調査官の口車に乗せられるべきではなく、あくまで「ミスをしたのは発覚した1件だけであり、他は間違いない」という主張を突き通すべきだった。

そうすれば新たな証拠を見つけられない限り、売上計上漏れを拡大されることなどなかったはずだ。

たった1つの指摘事項を何倍にも膨らませる手法

図39 納税者は弱気にならず自分の主張を貫くことが大事

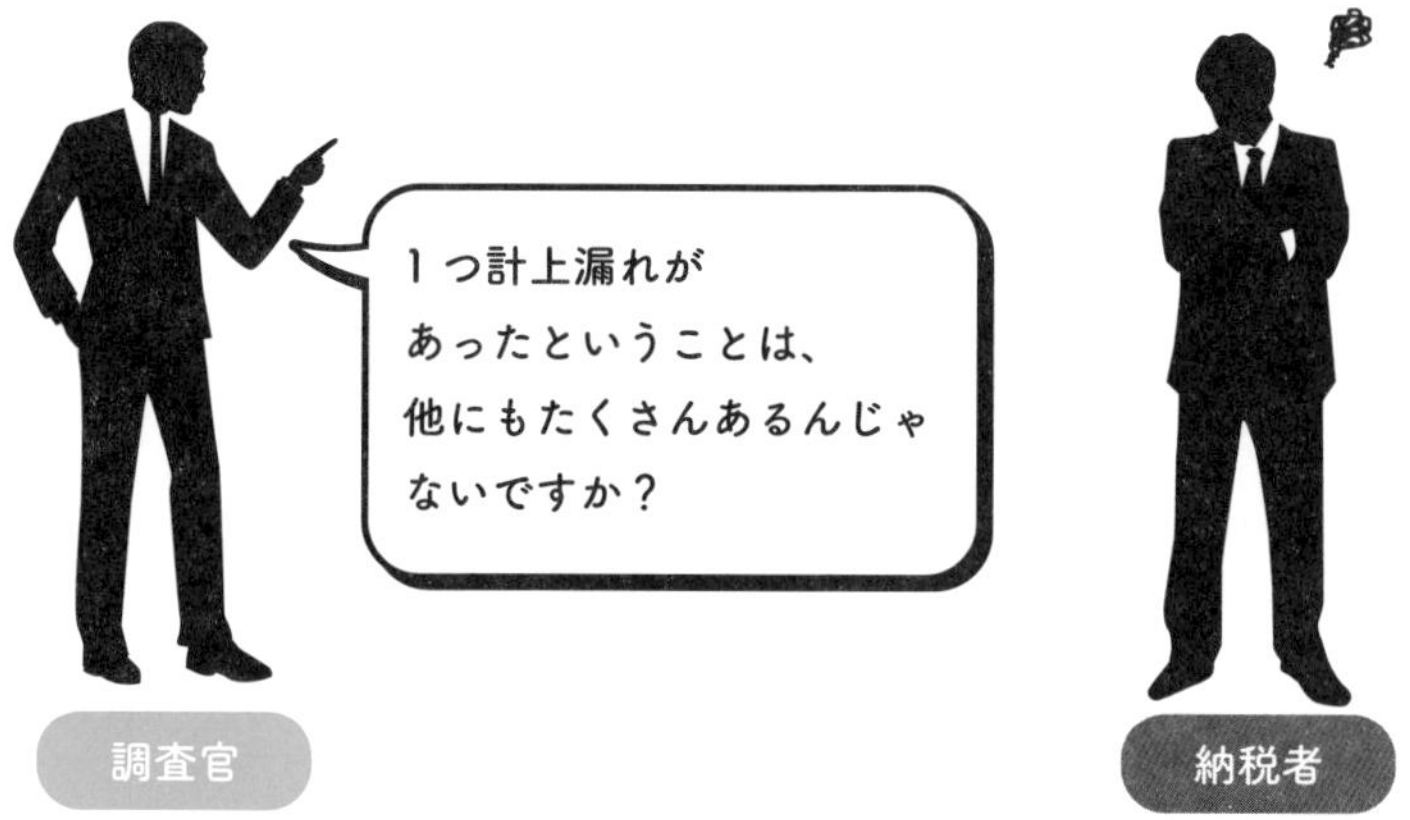
1つ計上漏れがあったということは、他にもたくさんあるんじゃないですか？
調査官
納税者

1つでも間違いがあれば、他にもあるだろうと指摘して
証拠もないのに多くの追徴税を巻き上げる!

調査官の口車に乗せられずに
納税者は主張を貫き通す!

ミスをしたのは、発覚した1点だけです！他は間違いないはず！
納税者

調査官の驚きの手口

追徴税の総額を言わずに判を押させる

法人税以外の税目で課税されないか確認

調査官が納税者をだます手口として、追徴税の総額を言わずに、**とにかく修正申告書を出させてしまう**、というものがある。

例えば、次のようなケース。

税務調査で交際費の一部を役員賞与にするように求められ、修正申告をするように言われた水道工事業者のHさん。

納得がいかず、しぶっていたら、調査官から次のようなことを言われた。

「追徴税は30万円だけですよ」

この調査官の言葉を信じ、「30万円で済むなら、ここでもめて税務調査が長引くのも嫌だ」と思い、修正申告に応じることにした。

しかし調査官の言った「追徴税30万円」というのは法人税だけの話で、Hさんの役員賞与への追徴税、会社の法人事業税、法人住民税などを合計すると60万円近くの額になったのだ。

会社の税金というのは、法人税の他に法人事業税、法人住民税などがかかってくる。

また会社の経費を否認され役員報酬に計上させられた場合には、その役員の所得税、住民税も追徴される（図40）。

調査官はそのことには触れずに法人税の税額だけをHさんに伝えて説得したのだ。

これは調査官が非常によくやる手口だ。

本体価格だけを非常に低く提示して契約を済ませ、後からオプション料として莫大な請求をする**悪徳セールスとやり方はまったく同じ**である。

だから**追徴税の額を決める際には、法人事業税、法人住民税、社長の所得税、住民税なども含めて総額いくらになるか、ということを調査官からはっきりと聞き出しておく**ようにしていただきたい。

追徴税の総額を調査官に確認しよう

図40 追徴税が課されるのは法人税だけではない！

〈会社にかかる税金の種類〉

所得（≒利益）に対してかかる税金	法人税 法人住民税 法人事業税
財産に対してかかる税金	固定資産税 事業所税 自動車税
取引に対してかかる税金	印紙税 登録免許税 不動産取得税
消費に対してかかる税金	消費税
経営者に対してかかる税金	所得税 住民税
従業員の給与に対してかかる税金	源泉所得税 住民税

調査官がもっとも重視するのは「法人税」。
また、「法人税」「消費税」「源泉所得税」を
トリプルで否認するケースもある。

例えば、会社が売上除外をして、その不正資金を社長個人が消費していた場合、以下の3税目が追徴課税されることになる。

1. 売上の計上漏れとして「法人税」に対して課税
2. 課税標準額の計上漏れとして「消費税」に対して課税
3. 役員給与の源泉所得税の徴収漏れとして「源泉所得税」に対して課税

調査官の驚きの手口

納税者の無知に付け込む

無実の証明は納税者の義務ではない

調査官は納税者の無知に付け込んで、追徴課税を認めさせようとすることも多々ある。

調査官が申告漏れなどを指摘しようとするとき、明確な証拠がない場合がある。その場合、納税者としては自分の潔白を自分で証明しなければならない気持ちになってしまうが、実は**税法上、納税者は自分の潔白を証明する必要はない**（図41）。

日本の税制では申告納税制度という建前をとっており、これは「税金は納税者が自分で申告して自分で納める」というものであるため、税務当局はあくまでも申告に明らかな誤りがあったときにのみ是正できる。

だから申告で不審な点があった場合、納税者は「それが潔白だ」という証明はしなくてもよく、税務当局側（つまり税務署）が「それが黒だ」と証明する必要があるのだ。

にもかかわらず**調査官は、さも納税者側に無実を証明する義務があるかのように振る舞う**。

例えば、機械製造業者のM社では、とある経営コンサルタントにコンサルタント料として50万円払っていた。しかしこの経営コンサルタントは税務調査時に所在不明となっていて、M社の経営者は、コンサルタント料を支払ったことを主張したが、振込みではなく現金払いだったため確認のしようがなかった。

そこで調査官はM社に対して、「経営コンサルタント料が適正に払われたかどうか（相手がちゃんと受け取ったかどうか）証明してほしい。証明できないなら、追徴課税する」と言うのだ。結局M社はそれを証明できず、追徴課税をされる羽目になった。

だが本来、M社には適正に支払った証明をする義務はない。調査官側が「M社が計上しているコンサルタント料は架空である」と証明しなければ、追徴課税はできなかったはずなのだ。証明する義務があるとM社が勘違いしていなければ、回避できた追徴課税だった。

このように調査官は納税者の無知に付け込もうとするので、注意を要する。

申告で不審な点があった場合、税務当局が「黒」を証明する必要がある

図41 納税者は自分の「潔白」を証明する必要はない

不審な点があります。
適正なものである証拠を
出してください!
調査官
納税者

調査官は申告漏れ・課税逃れを指摘するための
明確な証拠がない場合
納税者に身の潔白を証明するように言うことがある。

本来は税務当局側が不適切であるという証拠を示すべきもの!

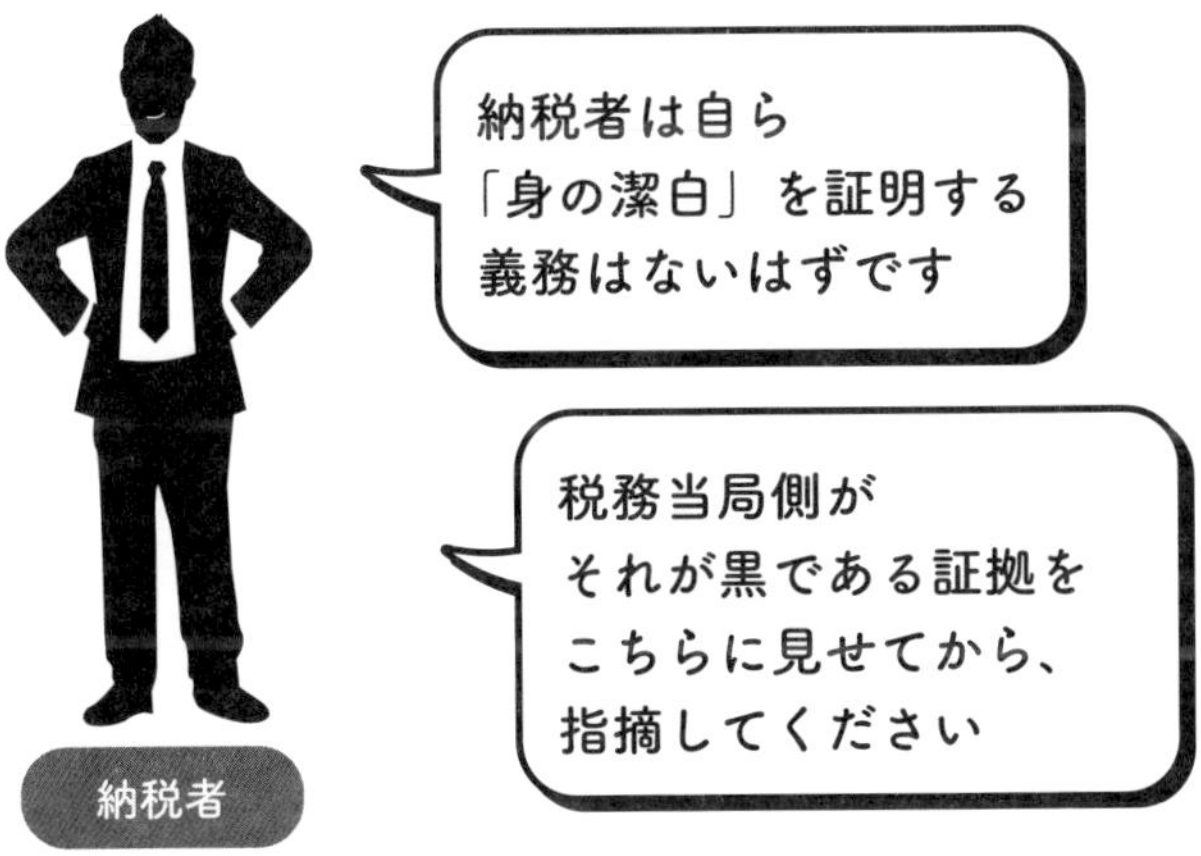

納税者は自ら
「身の潔白」を証明する
義務はないはずです
税務当局側が
それが黒である証拠を
こちらに見せてから、
指摘してください
納税者

調査官の驚きの手口

個別の可否を問わず全体を否認しようとする

1つ1つ正しいかチェックすることが前提

調査官のだましの手口として**「個別の可否を論じるのではなく、全体の数値を見て否認しようとする」**というものがある。一個一個の経理処理の誤りを指摘するのではなく「全体的におかしい」と言って否認しようとするということだ（図42）。

具体的にその手法を紹介しよう。まず、よくあるケースは確定申告の申告相談で、ある自営業者が決算書を持ってきて、申告書の作成を相談しに来たとき、決算書を見ると利益が非常に少なく、所得税の納税額はゼロだった。それを見た調査官は決算書の間違いを指摘するのではなく「少しくらい税金を納めましょうよ」と言って決算書を書き換えさせ、利益が出ているようにし、いくばくかの納税をさせたのだ。

またこんなケースもある。年間で50万円のゴルフ代を交際費として計上していた会社があった。この会社に対して調査官は、ゴルフ代が1つ1つ正しいかどうかチェックするのではなく、「年間50万円は少し多過ぎるので、半分くらいにしておきましょうか」と言うのだ。

こういう否認は税法的には明らかにおかしいが、その場にいる**納税者はなんとなくだまされてしまう**。1つ1つ正しいかどうかチェックされれば、すべて正しいと言えるのだけれど、「全体的に少し多過ぎるんじゃないですか」と指摘されると、妙に納得したりしてしまうものなのだ。

税務の原則から言うならば、ゴルフ代全体が多いとか少ないとかは問題ではなく、1つ1つのゴルフ代が接待交際費として妥当であれば認められるし、そうでなければ認められない。

このような**全体的な否認の方法は、税法的には絶対に認められていない**ため今どきの調査官はあまりやっていないようだが、この手法を使う調査官は依然として少なからずいる。

くれぐれも調査官の手に乗せられないようにしてほしい。

「平均よりも少し多過ぎる」などと否定する手に乗らない

図42 全体的な否定をされたときの対処法

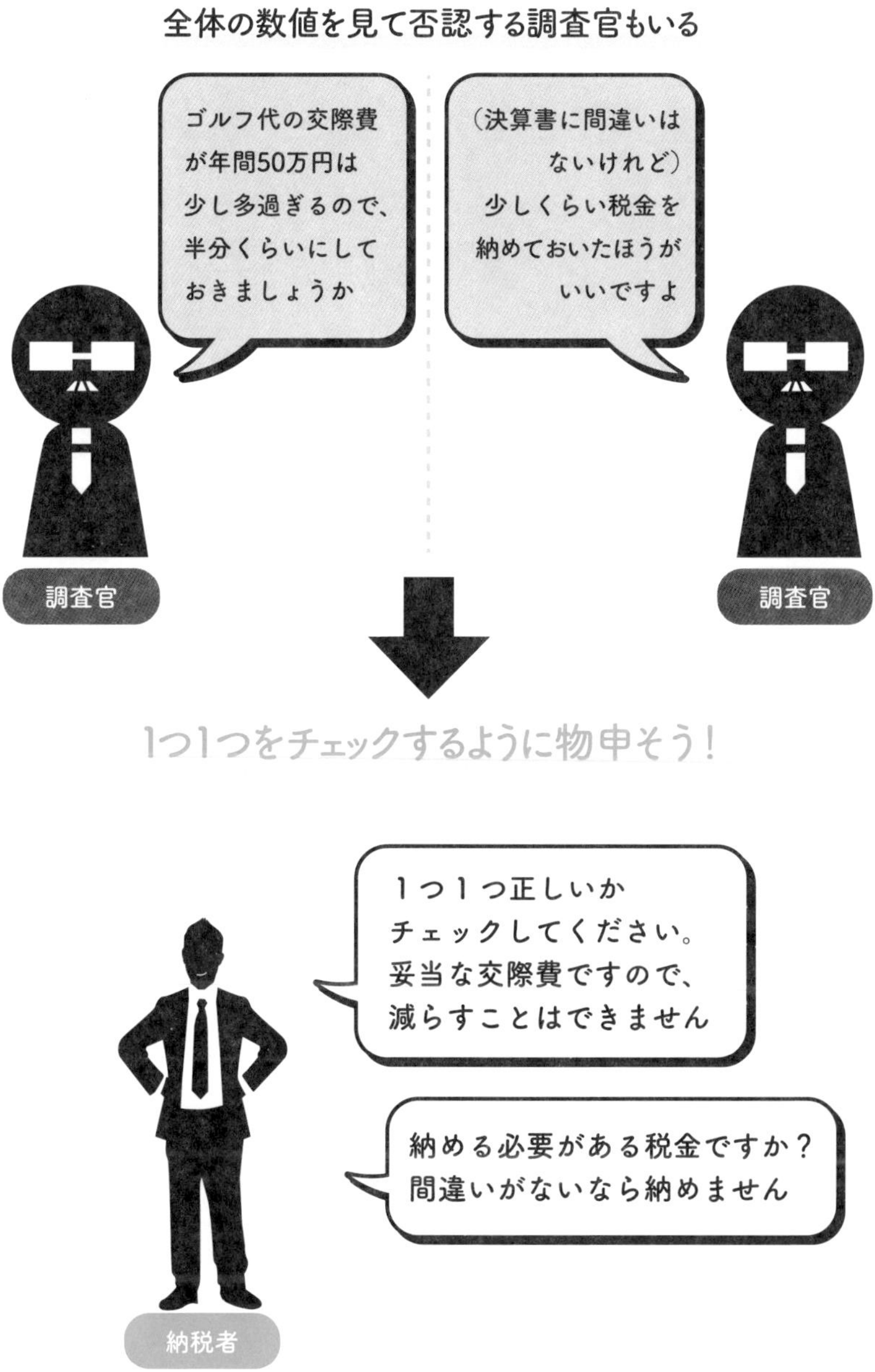
全体の数値を見て否認する調査官もいる
ゴルフ代の交際費が年間50万円は少し多過ぎるので、半分くらいにしておきましょうか
（決算書に間違いはないけれど）少しくらい税金を納めておいたほうがいいですよ
調査官
調査官
1つ1つをチェックするように物申そう！
1つ1つ正しいかチェックしてください。妥当な交際費ですので、減らすことはできません
納める必要がある税金ですか？間違いがないなら納めません
納税者

調査官の驚きの手口

調査官の奥の手「始末書」とは

納税者を平気でだます税務署の卑劣な手口

調査官のだましの手口の中で、もっとも汚いのは「始末書」だ。

始末書というのは、何か不祥事をしでかしたときに、監督的、上司的な立場の人に出す反省文のようなものである。税務署の調査官は、この始末書を非常にずる賢く使う。

例えば、次のようなケースがある。

「この売上計上漏れは、うっかりミスではなく、わざとやったんでしょう？」と調査官が納税者を問い詰め、まともに言い返せない納税者に対して、「こういうケースは税務署としては厳しく対処しているところですが、ここは穏便に済ませてあげますので始末書を書いてください」と言うのだ。

しかしこの始末書が非常にクセモノで、納税者は始末書を書いても穏便に済むこともなく、得にもならない。

むしろ**始末書を出したことによって「自分が悪かった」ということを認めたことになり、重加算税を課せられる羽目になってしまう**のだ（図43）。

重加算税を課すのは、納税者側に明確な不正があったときだけだが、不正かどうかというのは、はっきりしないことが多い。そのため調査官は、納税者側に始末書を書かせることで「不正の意図があった」という証拠にするのである。つまり、この始末書を書いたために納税者は重加算税を課せられることになってしまう。

前述したように調査官にとっては税務調査で重加算税をとることがもっとも大きな手柄になるため、なるべく重加算税を課そうとして明確な不正ではないものでも、始末書を出させて不正の扱いにしてしまうことがある。

この巧妙なトリックは、税務署や官庁の常套《じょうとう》手段だ。

くれぐれも始末書や一筆を書いたら、穏便に済ませてもらえるなどと思わないほうがいい。

また税務署が**「始末書を書け」と要求するときは、不正かどうか明確な物証に乏しい場合が多く、税務署のほうが分が悪いとき**だということを覚えておいてほしい。

税務調査で始末書(申述書)は書く必要がない!

図43 書かされた始末書が脱税の証拠になる

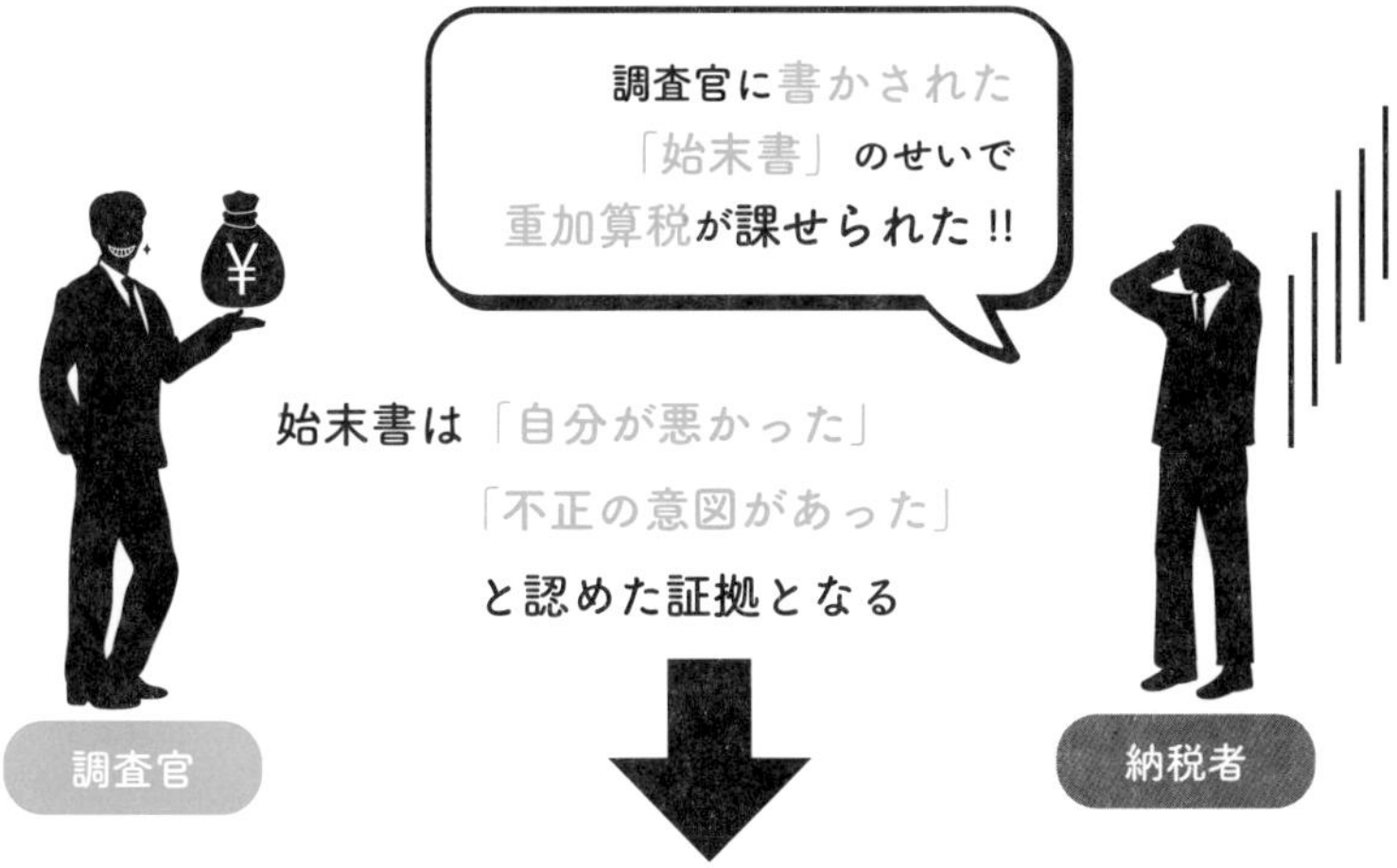
調査官に書かされた
「始末書」のせいで
重加算税が課せられた!!
始末書は「自分が悪かった」
「不正の意図があった」
と認めた証拠となる
調査官
納税者

だから、調査官は不正の証拠がないときほど始末書を書かせたがる

加算税の一例

1

税金100万円の申告漏れ。
期限内申告で
修正申告・更正があった場合

➡ 過少申告加算税

100万円+(100万円×10%)=110万円

追加徴収は10万円!

2

水増しして
100万円の経費を
ごまかした場合

➡ 重加算税

100万円+(100万円×35%)=135万円

重加算税になると
追加徴収は35万円!

調査官の驚きの手口

「調査が長引きますよ」という脅し文句

おとなしそうな相手からは多額の税金をふんだくる

調査官は、税務調査でもめたり、会社側が指摘事項に反発したりすると、「調査が長引きますよ」と脅しをかけてくることがある。調査が長引けば、会社としては時間もとられ、精神的な負担も大きい。だから会社側は調査官の脅し文句に屈してしまいがちだ。

しかし、それは得策ではない。というのも「調査が長引きますよ」というのは、**単なる脅しに過ぎない**からだ（図44）。

前述したように、調査官にはノルマがある。中小企業に対する税務調査というのは、だいたい1週間に1件を終わらせなければならず、それは調査の準備や、報告書の作成、銀行調査や反面調査など、すべてが含まれた日数である。ということは会社に臨検できるのは、せいぜい2日か3日で、3日となると、きついスケジュールになるので、たいていの場合は2日で終わらせる。

つまり**調査が長引いて困るのは、調査官のほう**なのだ。だから、「調査が長引きますよ」と言われたとしても、動じる必要はない。

まれに、本当に嫌がらせで調査を長引かせる調査官もいるが、その場合は「必要もないのに調査を長引かせている」として正式に税務署に抗議したらいい。

また、調査官というのは非常にずる賢い人種だ。追徴税は取りたい、けれども面倒なことに巻き込まれるのは嫌。だから調査官と納税者の間でのトラブルをなるべく避けようとする。となると、怖い人、うるさい人に対しては、遠慮がちに調査をすることになる。

その一方で、相手がおとなしく言うことを聞く人だとみるや、厳しい税務調査を始める。どんどん無茶な要求をしていくようになり、店の中だけではなく家の中まで入り込もうとしたり、開店時間なのに居座ったりすることもある。

だから言いたいことははっきり言わないと、払わなくていい税金を払わされる羽目になる。

税務調査が長引いたら調査官に指摘しよう

図44 調査官の脅し文句に屈しない

調査官からの指摘事項に反発すると
言われることのあるセリフ

動じる必要はなし！

調査官の驚きの手口

修正申告というワナ

「修正申告書を出さない」という手もある

税務調査で申告漏れなどがあった場合、納税者は修正申告書を出すことになる。

この**修正申告というものも、実はくせものだ。**

修正申告とは、納税者が税務調査で指摘を受けて「前の申告は誤りがあったので修正します」と自発的に申告するものなのだが、**よく考えたらおかしい**と思わないだろうか？　もし税務調査で明らかな誤りが見つかったなら、納税者に自発的に修正させなくても、税務署自身が追徴税を課せばいい。なのに、なぜ納税者に自発的に修正させるのか。

それは……一度修正申告をすると、不服申立てができなくなるからだ。要するに、後で文句を言わせないためだ。

税務調査での指摘事項は実は曖昧なものが多く、税法に照らし合わせると「ちょっとおかしいけど、法律上は微妙」というものがよくある。だからもしそういう指摘事項について税務署が強制的に追徴課税などをしてしまうと、納税者が反発し訴訟になったときに、覆されたりする。そこで納税者と同意の上で、納税者が自発的に申告を修正したという形を取りたがるのだ。

だから、**もし税務調査の結果に納得がいかなければ、修正申告書を出さないという選択肢もある**（図45）。

修正申告書を出さなくてもいいと述べたが、**税務調査では、調査官は修正申告書を素早く出してくれるように求めてくる**。それは、相手によく考えさせないためだ。

必ずしも税務調査の期間内に修正申告の内容を決めなくてもよく、多少長引いても、自分が納得のいく形で修正申告書は出せばいい。本当に納得がいかない場合は、修正申告書を出さないという方法もありだ。

税務調査においては修正申告をどうするかはもっとも大事なことで、納税者にとっては追徴税がいくらになるかという肝《きも》の事項だ。

だからこのときに調査官の指摘に納得がいかなければ、決して簡単に引き下がってはいけない。

修正申告をすると、不服申立てはできない

図45 修正申告とは

納税者が主体となる手続き	● 修正申告 ● 更正の請求
税務署が主体となる手続き	● 更正 ● 決定

税務調査後に提出する修正申告とは

税務調査で誤りの指摘を受けるなどして修正事項が生じた場合、調査官の指摘に納得した上で、納税者（法人）が誤りを認めて、自主的に申告の修正を行うこと。

修正申告の流れ

指摘事項に納得している場合

修正申告書を提出し、その後、ペナルティー（過少申告加算税、延滞税等）・追加の税金を納付。納得していないのに、その場の成り行きで修正申告書を提出すると、その後の不服申立てはできない。

指摘事項に納得できない場合

納得できない場合には、その旨を調査官に申し述べる。これを受けて、税務署長が「更正」の処分を行う。更正処分とは、税務署が指摘事項について計算し、本来の申告すべき税額を示した「更正通知書」を会社（納税者）に交付すること。この通知を受けた会社側は3カ月以内に不服申立てを税務署に行うことができる。

調査官の驚きの手口

修正申告をしない場合どうなるか

納税者は更正への再調査の請求ができる

税務調査で納税者が「修正申告」をしなかった場合、原則として税務署は「更正」を行う（図46）。

更正とは、税務署から「あなたはこれだけの税金を納める必要があるので納めなさい」ということを行政命令として出すことである。更正をするということは、税務署としては、その**指摘事項に自信がある**（税法に照らし合わせて明確に課税漏れになっている）ということだが、税務署が更正をしても、後でそれが覆ったりすることもままある。

だから、もし更正処分にも納得がいかなければ、納税者は税務署長に再調査の請求をすることができる。**更正の通知を受けた日の翌日から3カ月以内に、税務署長に対して文書で再調査の請求を行う旨を通知する。**

再調査の請求が行われた場合は、税務署長自身がまず更正の内容を見直して妥当かどうかの判断をし、あらためて処分を決定。その処分にも納得がいかなければ、**国税不服審判所長に審査請求**することができる。これは税務署長からの通知を受けた日の翌日から1カ月以内に行わなければならない。国税不服審判所長の審査では、税務署が自信を持って行った更正の5件に1件は覆されている。税金の世界というものがいかに曖昧で明確な線引きができないかが、これでおわかりいただけるだろう。

つまり納税者が再調査の請求をして損はないということである。国税不服審判所長の裁決にも納税者が納得しなければ、**行政訴訟**になる。国税不服審判所長の裁決が裁判で敗れたケースもあるので、裁判をするのも選択肢として有効だと言える。

ただし、いずれの場合も、追徴税は先に払っておいたほうがいい。というのも、**裁判で負けてから追徴税を払うと、最高年14・6％という高率の延滞税を取られる。**だから裁判が長引けば長引くほど、追徴税が雪だるま式に膨れ上がることになる。裁判で税務署長の処分が覆った場合には、あらかじめ払った追徴税は利子を付けて返還されるので、安心してほしい。

納税者による再調査の請求に損はない

図46 更正の結果に不服がある場合

納税者は、更正の結果に不服がある場合、税務署長に対して「再調査の請求」をしたり、国税不服審判所長に対して「審査請求」することができる。

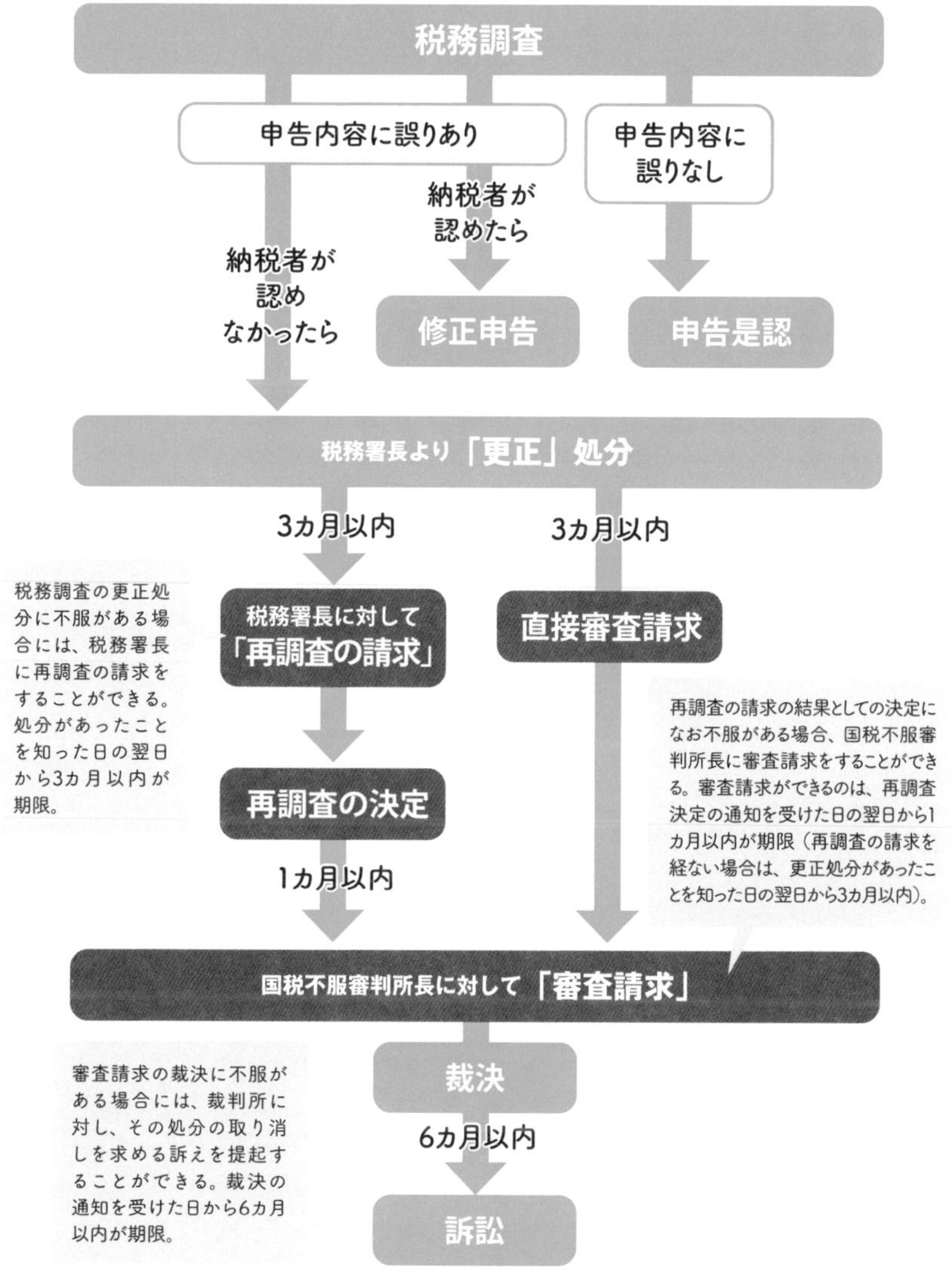

税務調査
申告内容に誤りあり
申告内容に誤りなし
納税者が認めたら
修正申告
申告是認
納税者が認めなかったら
税務署長より「更正」処分
3カ月以内
3カ月以内
税務署長に対して「再調査の請求」
直接審査請求
税務調査の更正処分に不服がある場合には、税務署長に再調査の請求をすることができる。処分があったことを知った日の翌日から3カ月以内が期限。
再調査の決定
1カ月以内
再調査の請求の結果としての決定になお不服がある場合、国税不服審判所長に審査請求をすることができる。審査請求ができるのは、再調査決定の通知を受けた日の翌日から1カ月以内が期限（再調査の請求を経ない場合は、更正処分があったことを知った日の翌日から3カ月以内）。
国税不服審判所長に対して「審査請求」
裁決
6カ月以内
審査請求の裁決に不服がある場合には、裁判所に対し、その処分の取り消しを求める訴えを提起することができる。裁決の通知を受けた日から6カ月以内が期限。
訴訟

調査官の驚きの手口

追徴税は交渉次第で額が変わる

納税者にぜひ知っておいていただきたいのは、税金は交渉次第で変わるということだ。

税務調査でもっとも大事なことは最終的に追徴税を課すことである。しかし追徴税が課されることになったとしても、何度も言うが税法は曖昧なものもたくさんあり、明確に「この人はいくらになる」とわかるケースは少ない。だから税務署が提示した額をすんなりと受け入れるのは、あまり賢いことではない。

「そんなに払えません」「それは納得いきません」などと言って、いったんは保留してみるべきだろう。粘ることで追徴税が少なくなったりすることもある。

もちろん、明らかな申告誤りなのに粘っても仕方がなく、長引いて税務署を本気で怒らせれば、かえって損することもある。その辺は、状況をうまく見極めて臨機応変に対応していただきたい。自分に非があるかどうか税理士などの専門家の意見を聞き、それほど非がないのであれば、頑張って粘って交渉するのもありだ。

自分に非がなければ交渉に持ち込む手もある

「修正申告書を出さない」態度を見せることは、交渉の上でも効果がある（図47）。

もし納税者が調査官の言うことに納得ができず、修正申告書を出さなかった場合、前項で紹介したように、調査官は税務署に持ち帰って更正をするかどうかが検討される。

更正というのは、「あなたの申告は間違っていたので、これだけの追徴税を払いなさい」と税務署が強制的に言ってくることだ。強制的に言ってくるということは、税務署としては絶対に間違いは許されない。逆に言えば、曖昧なもの、グレーゾーンのものなどについては、なかなか更正はできない。

そのため調査官が指摘内容に自信がなければ、指摘事項を変更したり、追徴税額を減額してくることもある。「税金をまけるから、早く修正申告書を出してくれ」ということだ。だから納得がいかないのに、**言われるがまま修正申告書を出すのは、非常に損**だと言える。

粘ることで追徴課税が少なくなることもある

図47 税金は交渉次第で変わる

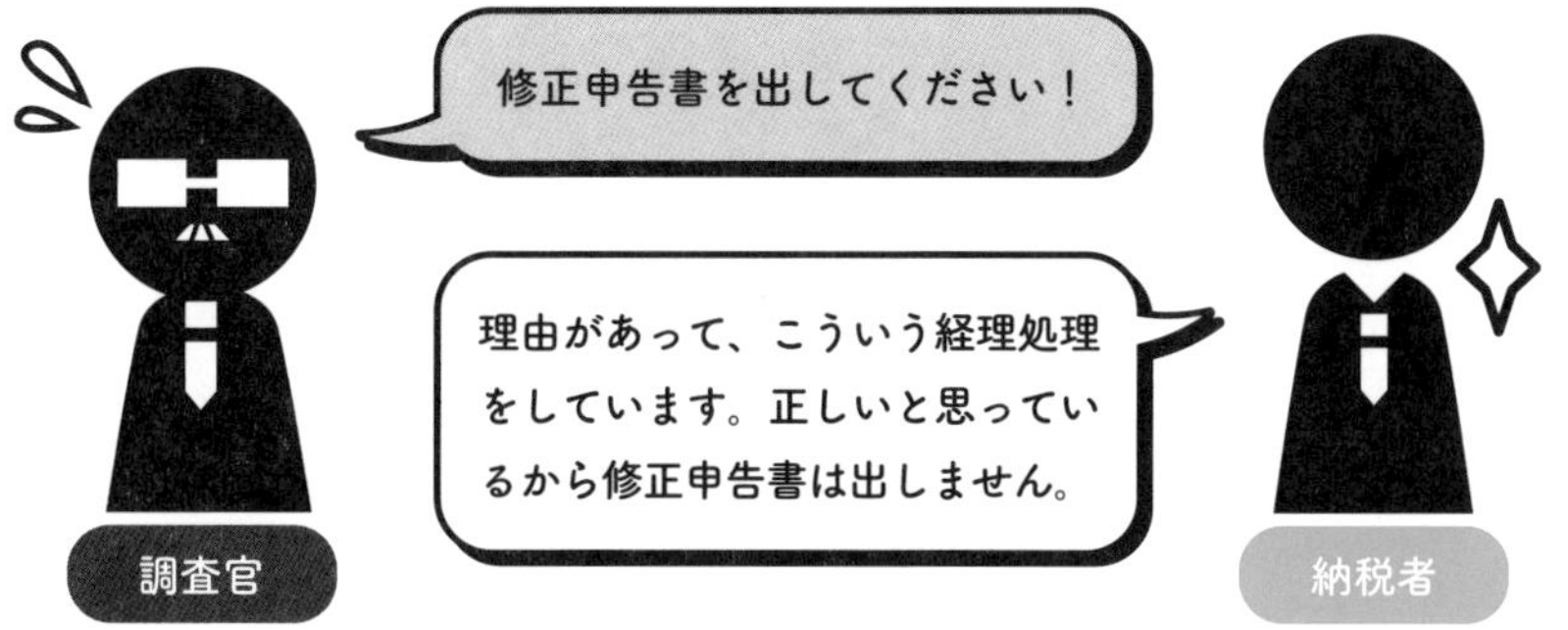

修正申告書を出してください！
理由があって、こういう経理処理をしています。正しいと思っているから修正申告書は出しません。
調査官
納税者

納得できないなら、しっかりとそう伝える

明らかに誤っているという確信と証拠がなければ、
「更正」をすることは税務署にとって不利となる

交渉
追徴税を減額するので
修正申告書を出してください
調査官
納税者

調査官からの指摘がグレーゾーンで
税務解釈が分かれる箇所なら
「修正申告をしない」と主張すると
追徴税が減額されるケースもある

COLUMN

4

調査官が恐れる「申告是認」とは

税務調査に行って追徴税額が出ない、指摘事項がまったくないことを「申告是認」という。

調査官にとって申告是認というのは恥そのものだ。営業社員がまったく契約を取れない状態と似ている。

何度か触れたが、調査官にはノルマがあり、税金をたくさん取ってきた人が偉く、出世する。だから税務調査に行って追徴税をまったく取れないことは、調査官にとって自分が役立たずであるかのような心境になる。実際に「申告是認」が続くと、上司である統括官（部門の責任者）から注意される。統括官も、税務署の副署長などに嫌味を言われたり、会議などでやり玉に挙げられることもあるのだ。**「申告是認」が続くことは、調査官にとって、もっとも嫌なこと**だと言える。

だから国税調査官が皆喜び勇んで税務調査に行っている、なんてことはない。ノルマはきついし、税務調査は直接的には人から嫌がられることなので、やっていて気分はよくない。あまり面白くない仕事だと思っている調査官が多いのが実情だ。

調査官も、本当に悪い奴を徹底的に懲らしめるのはいいけれども、ちょっとした間違いをうるさく言うような自分の仕事はあまり世の中のためになっていないということを薄々感じている。しかしそんなことを考え始めると生きていくのがつらくなるため、「自分は国家のために一生懸命やっています」という顔をする。

ただ何年も調査官を続けているとそれにも慣れ、やっているうちに鈍感になる。ついには調査で不正を見つけることは世界で一番素晴らしいことなのだ、と思うときもある。そうやって、サディスティックな調査官が増えていくのだ。

第5章

税理士は賢く選ぼう

――税理士選びのポイント

税理士の選び方

試験突破税理士とOB税理士

税務調査対策の基本は、いい税理士を見つけることだ。

税理士というのは税務において非常に重要な存在だ。だが**税理士というのは、その技量の差が非常に大きい職種**でもある。

税理士は税法をたくさん知っておかなければならない上に、税務署との交渉能力、書類の作成などを素早くこなす事務処理能力が求められる。

にもかかわらず、**税務署員は23年以上勤務し、指定研修を修了すれば税理士の資格がもらえる**。仕事ができる人も、できない人も一様にだ。

だから一口に税理士といっても能力の差が非常に大きく、優秀な税理士もいれば、ミスが多く知識の乏しい税理士がいるのが実情だ。

しかし税理士の良しあしは、なかなかわかりづらい。なので、この章ではいい税理士の見つけ方についてお話ししておきたい。

税理士にも良しあしがある

まず税理士は、大きく分けて2種類ある。1つは、国税（税務署）に23年以上従事した者が税理士資格をもらって税理士を開業する、いわゆる**「OB税理士」**。もう1つは、税理士試験を突破して税理士になった**「試験突破税理士」**だ（図48）。

それぞれの特徴としては、OB税理士の場合は、税務の現場に強く、税務署との交渉などがうまい。国税（税務署）は先輩と後輩の結び付きが強い組織のため税務署とのパイプが太く、税務署もOB税理士に対しては遠慮している面がある。お世話になった先輩に対して失礼な態度はとれないからだ。だが最新の税法、会計の知識はそれほど期待できない。

一方、試験突破税理士は、税務署との交渉などはOB税理士ほど得意ではないけれど、事務処理能力は高く、最新の税法、会計の知識に長けている者が多い。だから経理の指導や申告書の作成が目的ならば、おすすめだ。

もちろんこれは全体的な話であって、会計に詳しいOB税理士も、交渉能力の高い試験突破税理士もいる。

税理士は大きく分けて2種類

図48 OB税理士と試験突破税理士

OB税理士（国税出身税理士）		試験突破税理士
国税（税務署）に23年以上勤めて自動的に税理士資格が付与された税理士 （税理士試験は免除）	税理士へのなり方	税理士試験に合格した税理士
● 税務の現場に強い ● 税務署とのパイプを持っているため、税務署と対峙するときに強く、交渉がうまい ● 最新の税法、会計の知識が少ない人もいる ● 事務処理能力が乏しい人もいる ● 税務調査で顔がきく	特徴	● 事務処理能力が高い ● 最新の税法、会計知識に長けている ● OB税理士に比べると税務署との交渉に弱い場合がある

狙い目は中途リタイアのOB税理士

OB税理士は役に立つか？

税務署員は23年以上勤務すれば税理士の資格が得られると前項で紹介した。税理士試験は超難関で司法試験の次に難しいものとも言われている。そんな難関資格が、たとえ高卒の税務署員であっても23年以上勤務すればもらえるのだから、こんなおいしい話はない。だから税務署員のほとんどは、定年後に税理士になる。

税理士というのは納税者の代理人的存在であり、国税（税務署）との折衝役的な存在だ。それを国税のOBがやるのだから、税務署員としてはやはりやりにくい。彼らは税務署の仕事のやり方をすべて把握しているからだ。

しかも現役の税務署員にとって彼らは大先輩にあたる。それが納税者の味方、つまり自分たちの敵として対峙するわけだから、たまらない。

しかも**税務署員は先輩と後輩の結び付きが強い分、先輩が国税を辞めたからといって簡単に関係を断ち切れるものではない。**

こういう具合にOB税理士は、現役の税務署員に対してかなりの影響力を持っている。OB税理士が元幹部だったりすると、国税局に強い影響力を持つことになる。直接の後輩が国税の中枢にいることが多いからだ。

中途リタイア組には優秀な税理士が多い

税務署員は定年後は税理士になる人が多いが、**定年を待たずに40歳過ぎで退職し、税理士になる人もいる。**

23年以上勤務すれば税理士の資格がもらえるため、44、45歳で税理士の資格をもらったら、すぐに税理士を開業するのだ。

40歳くらいだと税務署にいればこれから給与が高くなっていく時期で、税理士の資格をもらったというだけで食べていけるわけではない。だからほとんどの税務署員は定年まで残る。なので**40過ぎで退職して税理士になる人は、税理士としてやっていける自信がある人や基盤や人間関係を持っている人が多い。**実際、優秀な人が多いと感じる（図49）。

定年を待たずに40過ぎで退職し、税理士になる元税務署員

図49 中途リタイアのOB税理士の強み

税理士試験での税法の全科目が免除となる23年間、国税専門官として勤務し、そのタイミングで税理士になる人も少なからずいる。それが、中途リタイアのOB税理士だ。

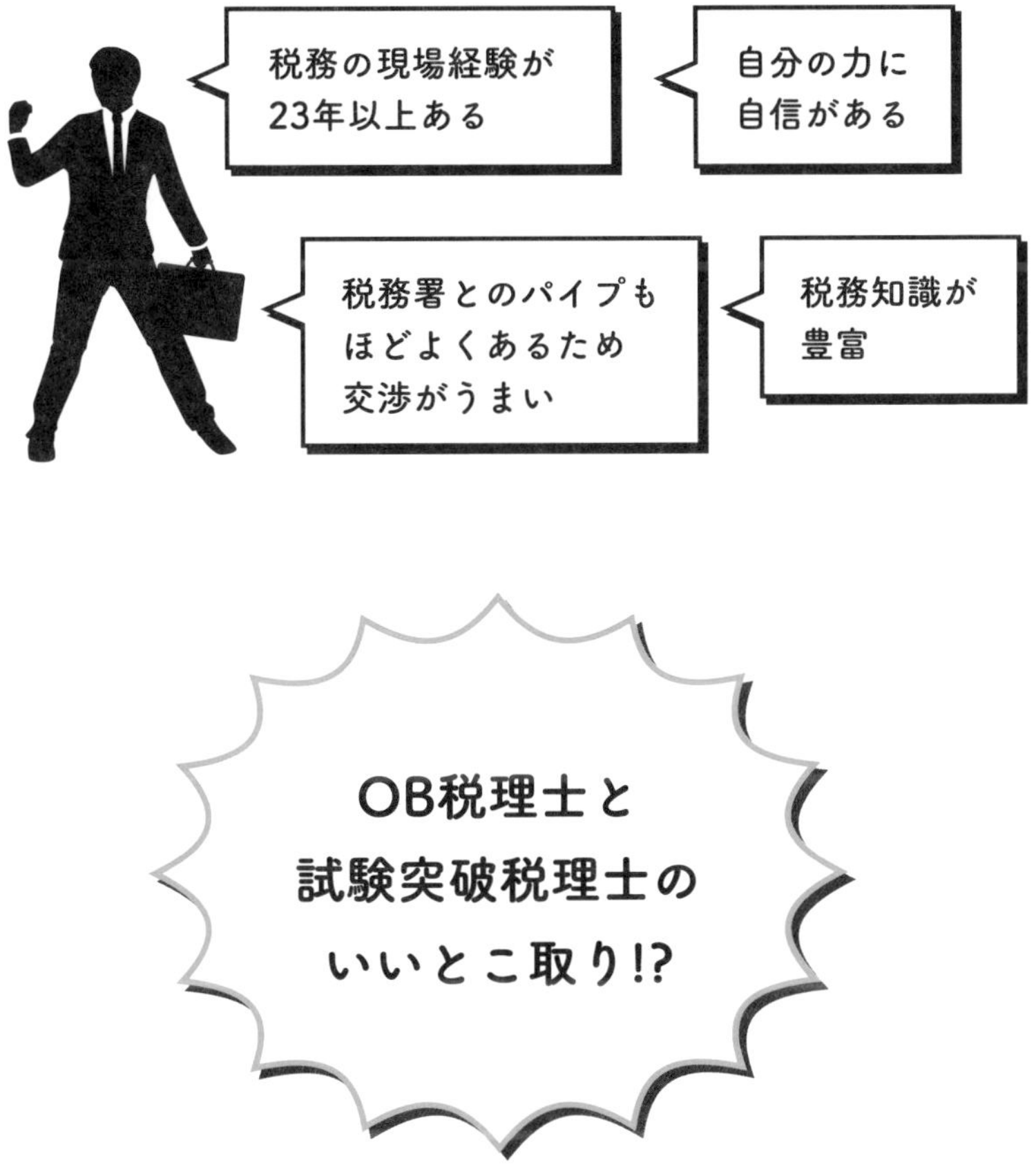

税務の現場経験が23年以上ある
自分の力に自信がある
税務署とのパイプもほどよくあるため交渉がうまい
税務知識が豊富
OB税理士と試験突破税理士のいいとこ取り!?

税理士の選び方

いい税理士の探し方

地域の税理士会に足を運ぶ／インターネットで探す

では、いい税理士を見つけるにはどうすればいいか（図50）。

もっともオーソドックスな税理士の探し方は、**その地域の税理士会に行く**ことである。税理士会というのは税理士の集まりで、開業している税理士は必ずこの税理士会に入会しなければならない。だからすべての税理士の情報は税理士会に行けば手に入る。事前に「どんな税理士がいいのか」の条件をリストアップしておき、それを税理士会に提示して該当する税理士を紹介してもらうといいだろう。

例えば税務署との折衝を重点的に考える場合は、有力なOB税理士が適任だ。しかしOB税理士といっても、**税務署と太いパイプを持っているのは一般的には退職する前に「偉いポスト」にいた人**だ。だから「元税務署長だった人」などという条件を付けて探してもらうといいだろう。ただし偉くなってから辞めた人は10年以上現場に出ていないため、事務処理能力は当てにできない場合が多い。

細かい節税、会計の指導を受けたい場合は、ある程度の実務経験を積んだ中堅の試験突破税理士を紹介してもらうことをおすすめする。こういう具合に、税理士会から紹介を受けるときには、**なるべく具体的に条件を提示したほうがいい**だろう。

昨今では、**インターネットで税理士を探す方法**もある。税理士の広告規制はいくぶん緩んでいるので、最近は多くの税理士がWebサイトを持っている。

インターネットで探す利点は、詳しいプロフィールを入手しやすいことだ。それに不明な点はメールなどで直接相手の情報をもらえる。

注意点としては、**依頼する前に必ず直接会っておくこと**である。どんな税理士もメールのやり取りでは顧客を獲得するために親切に答えてくれるものだ。しかし実際に税理士事務所を訪問して税理士本人に会ってみないと、本当に親切か、本当に能力が高いかどうかはわからない。

税理士はどうやって探す？　定番＆おすすめの探し方

図50 自分（自社）に合った税理士の探し方

1 地域の税理士会に行って相談する

税理士会は税理士によって構成されている組織で、すべての税理士が地域ごとの税理士会に所属している。そのため特定の地域に所属している税理士を見つけたい場合などは、税理士会に行くと、税理士を紹介してもらいやすい。
地域ごとに定期的に税理士会が主催する税務相談会も開かれているので、そこへ足を運び、税務に関する悩みを相談し、その場で自分（自社）に合う税理士を見つけるのもあり。

メリット

すべての税理士の情報が手に入り、条件に合う税理士を紹介してもらいやすい。

デメリット

税理士会は公平に税理士を紹介しなければならないため、具体的に「こんな税理士を探している」という条件を提示しなければ、該当する税理士を紹介してもらえない可能性がある。

2 インターネットで探す

「税理士」と検索すれば、自宅や会社の近くにある税理士事務所をすぐに探し出せる。
今は多くの税理士がWebサイトを開設しているので、見つけやすくなっている。

メリット

多くの税理士の情報を閲覧することができ、詳しいプロフィールを入手しやすい。直接相手にメールなどで問い合わせができる。

デメリット

直接会ってのやり取りではないため、本当にいい税理士かの見極めが難しい。また、基本的に税理士は地元の人がいいが、地元の税理士がWebサイトを持っているとは限らないため、都合よく見つけることができるかはわからない。

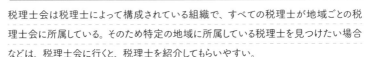

税理士を選ぶ際のチェック項目

自分（自社）に合った税理士を探すには

税理士を選ぶ際には、最低でも次の7項目はチェックしておいたほうがいいだろう（図51）。

まず①のように税理士は地元のほうがいい。遠方の税理士だと自分の管轄の税務署とはほとんどつながりを持たない。一方で地元の税理士だと普段から管轄内の税務署と付き合いがあるため、有利になりやすい。

②の「OB税理士か、試験突破税理士か」は、102ページで説明したとおりだ。

次に③の「OB税理士の場合、国税での最終的な地位と所属していた畑」とは、OB税理士の場合、幹部のほうが影響力があるため、なるべくなら偉かった人のほうがいい。そして「所属していた畑」というのは、国税職員の場合は、系統がいくつか分かれている。例えば法人税担当者、所得税担当者、相続税担当者、徴収担当者などと専門分野がそれぞれ違う。**会社の税務申告を頼むのであれば、法人税担当者がいいということになり、個人事業の税務申告であれば、所得税担当者に頼むのがいい**ということになる。

④の「試験突破税理士の場合、独立前の修業期間」とは、試験突破税理士の場合、試験に受かっただけで税理士の仕事がすぐにできるわけではなく、修業する期間が必要だ。この期間がある程度ないと、税理士としてはあまり能力があるとは言えない。

⑤の「税理士業の経験年数、事務所を開業してからの経験年数」は、もちろん長いに越したことはない。

⑥の「事務所スタッフの人数」というのは、事務所は大きいに越したことはない。

⑦の「顧客の数」も、顧客が多いに越したことはない。だいたい税理士1人につき50人以上の顧客がいれば、いい税理士と言えるだろう。

税理士を選ぶ際には、事前に必ず税理士事務所に行き、税理士にいろいろ聞いたほうがいい。もし税理士が質問に答えるのを渋るようであれば、そういう税理士には頼まないことだ。

税理士選びの７つのポイント！

図51 自分（自社）に合った税理士を選ぶ基準を整理しよう

CHECK! チェックポイント

❶ 地元の税理士かどうか

❷ OB税理士か、試験突破税理士か

❸ OB税理士の場合、国税での最終的な地位と所属していた畑はどこか

❹ 試験突破税理士の場合、独立前の修業期間はどれぐらいか

❺ 税理士業の経験年数、事務所を開業してからの経験年数

❻ 事務所スタッフの人数

❼ 顧客の数

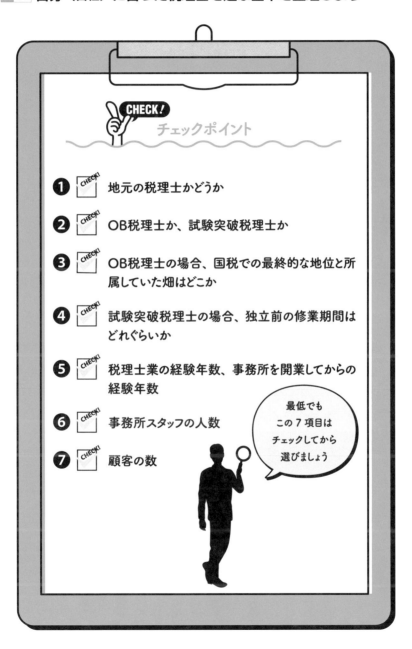

税理士の選び方

ダメな税理士は思い切って替えよう

わからないときは地元で一番大きい事務所に依頼する

ここまで読んできて、「もうすでに税理士を頼んでいるから、どうしようもない」と思っている人もおられるかもしれない。

けれども**税理士を替えることは悪いことではない**。ヘボな医者にかかっていたら命が危ないのと同じで、ヘボな税理士を使っていたら事業が危うくなりかねないからだ。

税理士のダメさ加減をチェックする項目を挙げるので、チェックしていただきたい（図52）。

自分がどんな税理士を求めればいいのか、よくわからないという人は、**地元で一番大きな税理士事務所（税理士法人）に依頼**するといい。

税理士というのは、地元の人に頼むほうが何かと都合がよく、一般的には大きな税理士事務所のほうが安心できる。税理士というのは、一度付いた顧客が離れることが少ないため、いい税理士ならば、必然的に顧客が増えていく。つまり大きな税理士事務所ほどいい税理士がいると言える。

また大きな税理士事務所はスタッフも充実しており、ほとんどの場合、試験突破税理士とOB税理士の両方が所属している。そういう事務所では普段は試験突破税理士が経理指導などをしてくれ、税務調査があったときにはOB税理士が出てくる。

要するに、**試験突破税理士とOB税理士の両方のいい部分を使うことができる**のだ。

また大きな税理士事務所の税理士は、税理士会でも要職を占めていたりするので、税務署に対する発言力も大きい。だからもし、なんの情報も持たずに税理士を探す場合は、地元で一番大きな税理士事務所に依頼するのがもっとも無難だと言える。

これは税理士会などに、「一番大きい税理士事務所を紹介してください」と言えば、教えてくれるはずだ。

今の税理士に満足していないなら替え時

図52 ダメな税理士チェックリスト

CHECK!

チェックリスト

- □ 節税方法の提案などをほとんどしてくれない
- □ 同規模の同業者と比べて、税金が高い
- □ 税務調査のとき、調査官の言いなりで追徴税を払わされた
- □ 明らかに税理士のミスで追徴税を払わされた
- □ 税務調査の頻度が異常に多い（一概には言えないが、2年に1回必ず来る、もしくは同地域の同業者に比べて異常に頻度が高いなど）
- □ 質問をしてもなかなか答えてくれない
- □ 事務員が頻繁に辞める（もしくはいない）

以上の項目の中で、該当するものが1つでもあれば「要注意」、2つ以上あれば「危険」だと言える。

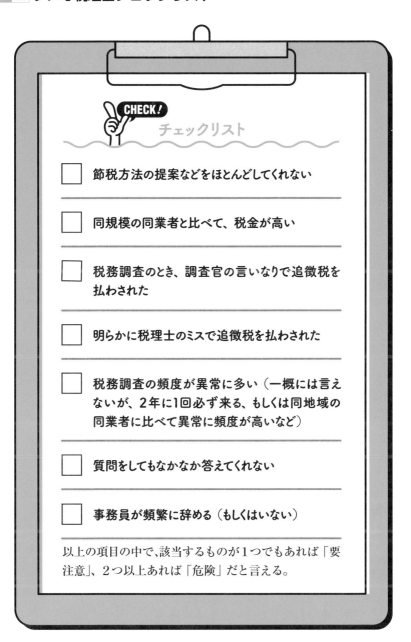

●著者略歴
大村大次郎（おおむら・おおじろう）

大阪府出身。元国税調査官。国税局で10年間、主に法人税担当調査官として勤務し、退職後、経営コンサルタント、フリーライターとなる。執筆、ラジオ出演、フジテレビ「マルサ‼」の監修など幅広く活躍中。主な著書に『宗教とお金の世界史』『金持ちに学ぶ税金の逃れ方』『18歳からのお金の教科書』『改訂版税金を払う奴はバカ！』『完全図解版あなたの収入が３割増える給与のカラクリ』『億万長者は税金を払わない』『完全図解版相続税を払う奴はバカ！』『消費税を払う奴はバカ！』『完全図解版税務署員だけのヒミツの節税術』『完全図解版あらゆる領収書は経費で落とせる』（以上、ビジネス社）、『「金持ち社長」に学ぶ禁断の蓄財術』『あらゆる領収書は経費で落とせる』（以上、中公新書ラクレ）、『会社の税金元国税調査官のウラ技』（技術評論社）、『おひとりさまの老後対策』（小学館新書）、『税務署・税理士は教えてくれない「相続税」超基本』（KADOKAWA）など多数。

完全図解版 税務署対策最強マニュアル

2023年４月１日　　第１刷発行

著　者　大村　大次郎
発行者　唐津　隆
発行所　株式会社ビジネス社
〒162-0805 東京都新宿区矢来町114番地
神楽坂高橋ビル５階
電話 03(5227)1602　FAX 03(5227)1603
https://www.business-sha.co.jp
カバー印刷・本文印刷・製本/半七写真印刷工業株式会社
〈カバーデザイン〉中村聡
〈本文デザイン〉茂呂田剛（エムアンドケイ）
〈イラスト〉森海里
〈編集担当〉船井かおり　〈営業担当〉山口健志

ISBN978-4-8284-2504-7